ARCHITEKTINNEN·BDA

jovis

Inhalt

Women in Architecture   Julia Dahlhaus   4
Es geht voran …   Elina Potratz   6

Inken Baller   9
Christin Baumeister   13
Anne Boissel   17
Astrid Bornheim   21
Benita Braun-Feldweg   25
Vanessa Miriam Carlow   29
Julia Dahlhaus   33
Christine Edmaier   37
Christiane Fath   41
Ulrike Flacke und Nina Otto   45
Laura Fogarasi-Ludloff   49
Silke Gehner-Haas   53
Doris Gruber   57
Almut Grüntuch-Ernst   61
Heike Hanada   65
Saskia Hebert   69
Susanne Hofmann   73
Anna Hopp   77
Astrid Kantzenbach-Mola   81
Luise King   85
Brigitte Kochta   89
Anne Lampen   93
Anna Lemme Berthod und Cornelia Locke   97

Kim Le Roux und Margit Sichrovsky   101
Tanja Lincke   105
Pia Maier Schriever   109
Fuensanta Nieto   113
Sarah Perackis   117
Katja Pfeiffer   121
Lydia Rintz   125
Sarah Rivière   129
Gudrun Sack   133
Christiane Sauer   137
Carola Schäfers   141
Susanne Scharabi   145
Marika Schmidt   149
Helga Schmidt-Thomsen   153
Christiane Schuberth   157
Judith Simon   161
Susanne Sturm   165
Nataliya Sukhova   169
Susann Walk   173
Anna Weber   177
Gesine Weinmiller   181
Beatrix Wuttke   185

Teilnehmerinnen   188
Projektreferenzen Sponsor*innen   190
Impressum   192

Women in Architecture
Ein Festival

Julia Dahlhaus

Präsenz zeigen und die Bedeutung von Architektinnen für die zeitgenössische Baukultur sichtbar machen: Unter diesem Leitsatz steht der Beitrag des BDA Berlin zum stadtweiten Festival Women in Architecture Berlin 2021. Die Publikation *Architektinnen · BDA* erscheint begleitend zur gleichnamigen Werkschau in der BDA Galerie sowie einer Plakataktion im öffentlichen Raum.

Architektinnen · BDA präsentiert einen qualitativen sowie quantitativen Querschnitt aus dem Werk der Berliner BDA-Kolleginnen. Rund 50 Architektinnen und außerordentliche Mitglieder – ein guter Teil der im Landesverband Berlin vertretenen Frauen – sind dem Aufruf des Kuratorinnen-Teams gefolgt, sich mit einer individuellen Auswahl ihres Schaffens zu präsentieren. Mit der Dichte der Werkschau setzen die Kuratorinnen ein Statement weiblicher Kompetenz und richten zugleich den Fokus auf die individuellen Qualitäten der BDA-Kolleginnen.

Warum ein Festival für Frauen in der Architektur?

Ein Festival zur Sichtbarmachung von Frauen in der Architektur impliziert, dass Architektinnen noch immer zu wenig oder weniger sichtbar sind als ihre männlichen Kollegen. Die Zahlen erstaunen: Mehr als 50 Prozent der Studierenden im Fachgebiet Architektur sind weiblich. Auch sind Architektinnen inzwischen häufig in der Überzahl in Architekturbüros und die Büroleitungen unter weiblicher Führung nehmen stetig zu – umso ernüchternder ist die Tatsache, dass Frauen mit eigenem Architekturbüro zahlenmäßig immer noch weit hinter ihren männlichen Kollegen zurückliegen. Der Anteil an Architektinnen im BDA liegt im Jahr 2020 bei nur 28 Prozent.

Aus diesen Zahlen lässt sich schließen, dass Architektinnen in der öffentlichen Wahrnehmung von Architektur immer noch unterrepräsentiert sind. Ist ein wesentlicher Grund dafür, dass der Anteil der weiblichen Lehrenden in Deutschland immer noch um nur 20 Prozent liegt? Im Gegensatz zu anderen Professionen profiliert man sich durch das eigene architektonische Werk für einen Ruf an die Universität. Warum gilt das Feld immer noch als männlich dominiert? Warum treten Architektinnen mit eigenen Werken weniger in den Vordergrund? Fehlen uns weibliche Vorbilder? Schließt sich hier gar ein Teufelskreis: kein eigenes Werk – keine Lehre – kein eigenes Werk?

Aus diesen Zahlen lässt sich schließen, dass Architektinnen in der öffentlichen Wahrnehmung von Architektur immer noch unterrepräsentiert sind.

Vielleicht nehmen Architektinnen also zukünftig eine führende Rolle in einer Welt ein, in der der gemeinschaftliche Ansatz, die soziale Verantwortung und die Sorge um gesellschaftliche Prozesse immer stärker unsere Arbeit bestimmen.

Jenseits der Diskussion um vermeintlich „weibliche" Qualitäten will sich daher der BDA Berlin mit seinem Beitrag zum Festival Women in Architecture Berlin 2021 auch berufspolitischen Fragen stellen: Was bedeutet es, sich mit dem eigenen Büro selbstständig zu machen? Wie kann ein Büro nachhaltig erfolgreich geführt werden? Gibt es spezifische Strategien bei der Entwicklung von Projekten, mit denen Frauen zum Ziel kommen? Gibt es gemeinsame Erfahrungen im konkreten Schaffen von Architektur?

Der vorliegende Band feiert stadtbildprägende Werke ebenso wie Stadtplanungen. Er würdigt Forschung ebenso wie Arbeiten im Spannungsfeld zwischen Kunst, Experiment und Architektur – in unterschiedlichsten Größenordnungen, Themenfeldern, Strukturen und Materialitäten. Auffallend sind die Schwerpunkte, die von den Protagonistinnen auf die gestellten Fragen *Was zeichnet für Sie Architektur aus? Was hat Sie in Ihrem Werdegang als Architektin geprägt? Was würden Sie jungen Architekturstudentinnen raten? Welche Strategien verfolgen Sie, um Ihr Büro erfolgreich zu führen?* gesetzt werden: Auswirkungen auf die Umwelt, Gestaltung des Lebensraums, Sorgfalt, konstruktive Zusammenarbeit, Neugier und Offenheit, interdisziplinäre Vernetzung, Architektur, die Grundbedürfnisse erfüllt, soziale Zusammenhänge und qualitätvolle Konzepte werden genannt. Als prägend werden von den Architektinnen neben ästhetischen vor allem soziale und nachhaltige Aspekte angeführt.

Vielleicht nehmen Architektinnen also zukünftig eine führende Rolle in einer Welt ein, in der der gemeinschaftliche Ansatz, die soziale Verantwortung und die Sorge um gesellschaftliche Prozesse immer stärker unsere Arbeit bestimmen und Architektur weniger durch das „einzigartige Werk", sondern vielmehr über die Prozessgestaltung und die Frage der gesellschaftlichen Relevanz bewertet wird. Die jüngste Vergabe des Pritzker-Preises an Anne Lacaton und Jean-Philippe Vassal gibt Grund zur Hoffnung.

In diesem Sinne wünschen wir, dass auch und vor allem junge Architektinnen und Studentinnen ermutigt werden, nicht nur grundsätzlich Verantwortung zu übernehmen, sondern mit dem eigenen Werk und im baukulturellen Dialog in die erste Reihe zu treten.

Es geht voran ...
Frauen in der Architektur

Elina Potratz

Dieser Band präsentiert eine Auswahl von BDA-Architektinnen, die allesamt mit viel Herzblut und hohem Anspruch ihrem Beruf nachgehen. Dabei repräsentieren sie auch die Vielfalt der Architekturbüros in Berlin: Hier sind sowohl jüngere als auch erfahrenere Büros unterschiedlicher Größe mit verschiedenen thematischen Ausrichtungen und gestalterischen Ansätzen vertreten, vereint durch die Ziele des BDA. Die Zusammenstellung der Persönlichkeiten, Positionen und Projekte steht dabei für sich. Es scheint fast seltsam, hervorzuheben, dass es sich ausschließlich um weiblich geführte Architekturbüros handelt.

Die Publikation bringt also zum Ausdruck, was wir in Hinblick auf Geschlechtergleichheit schon erreicht haben. Dennoch gibt es bei der Gleichstellung gerade aus Sicht des BDA noch deutliches Entwicklungspotenzial: Die Anzahl der Frauen, die sich mit eigenen Architekturbüros selbstständig machen, ist trotz der seit Jahren hohen Quote an Architekturstudentinnen weiterhin sehr niedrig. Die Gründe dafür sind vielfältig. Der Architekturbetrieb ist immer noch von männlichen Rollenvorstellungen durchdrungen, nicht nur in vielen Büros, sondern auch in der Bauherrschaft, bei den Entscheidungsträger*innen in Gremien und in der Lehre. Zudem erfordert die Selbstständigkeit als Architektin ein hohes Maß an Risikobereitschaft, Zeit, Kraft und Hartnäckigkeit – angesichts einer immer noch asymmetrischen Aufgabenverteilung im Familienleben und mangelnder Betreuungsangebote erscheint dies für viele Frauen nicht leistbar. Eine paritätische Aufteilung von Care-Arbeit wird in Partnerschaften zwar immer selbstverständlicher, dennoch ist es weiterhin eher die Frau, die sich beruflich zurücknimmt, in Teilzeit geht oder einer vermeintlich gesicherteren Profession nachgeht. Dies wird verstärkt durch immer noch tief verankerte Vorurteile und Mechanismen der Benachteiligung gegenüber Mädchen und Frauen, die mitunter sehr subtil sind und oft schon bei der Erziehung einsetzen.

Die hier vorgestellten Architektinnen haben sich von den beschriebenen Hindernissen nicht aufhalten lassen. Sie nehmen damit eine wichtige Rolle als Vorbilder ein – und zwar nicht nur für junge Architektinnen, sondern für alle, die in der Architektur den Weg der Selbstständigkeit beschreiten und gute Architektur und Baukultur voranbringen möchten. Die Anzahl kleinerer und mittelgroßer

> Die hier vorgestellten Architektinnen ... nehmen damit eine wichtige Rolle als Vorbilder ein – und zwar nicht nur für junge Architektinnen, sondern für alle, die in der Architektur den Weg der Selbstständigkeit beschreiten und gute Architektur und Baukultur voranbringen möchten.

Architekturbüros in Deutschland nimmt in der Tendenz ab. Die Qualität unserer gebauten Umwelt ist dadurch gefährdet; in anderen Ländern ist das Aussterben heterogener Bürolandschaften bereits Realität. Büroneugründungen sind daher bedeutsam und gerade mit Blick auf junge Architektinnen schlummert hier ein gewaltiges Potenzial. Zugleich muss insgesamt dafür gekämpft werden, dass junge Büros eine Chance bekommen.

Die Frage, wie ein größerer Frauenanteil sich auf die Architektur auswirkt, wie also eine „weiblichere" Architekturwelt verfasst sein könnte, erscheint nicht unproblematisch. Denn was heißt „weiblich"? Man will schließlich nicht die Klischees reproduzieren, die man eigentlich lieber hinter sich lassen würde. Dennoch lohnt sich der Blick darauf, wo unsere Vorstellungen von Architektur sowie der architektonischen Praxis noch stark von bestimmten Männlichkeitsbildern durchsetzt sind. Momentan ist eine zögerliche, aber deutliche Entwicklung zu spüren, die weg vom Ideal des weitgehend allein und genialisch agierenden (meist männlichen) Architekten führt und stattdessen kooperative und transdisziplinäre Prozesse in den Vordergrund stellt. Ebenso rücken soziale Gefüge sowie der Erhalt des baulichen Bestands in den Vordergrund – traditionell eher weiblich konnotierte Begriffe wie „Sorgetragen" und „Empathie" werden dabei gestärkt. Auch kommunikative und vermittelnde Eigenschaften, die man landläufig vielleicht eher Frauen zuschreibt, werden immer bedeutsamer. Insofern ist ein feministischer Ansatz in der Architektur nicht nur auf die Akteur*innen, sondern auch auf das Berufsbild, die Arbeitspraktiken und Denkmuster zu beziehen. Das alles nicht als Selbstzweck, sondern um Architektur zu bereichern und vielfältigere Stimmen aus unterschiedlichen Lebensrealitäten zu hören und berücksichtigen zu können. Wir sind inmitten einer Entwicklung, die sicher schon in die richtige Richtung führt. Die Frage ist nur, wie schnell wir gemeinsam in Richtung Gleichstellung voranschreiten – in einem Prozess der Diversifizierung, der natürlich nicht bei Frauen aufhören darf, sondern stetig weitergeschrieben werden sollte?

Insofern ist ein feministischer Ansatz in der Architektur nicht nur auf die Akteur*innen, sondern auch auf das Berufsbild, die Arbeitspraktiken und Denkmuster zu beziehen.

Inken Baller

führte ab 1967 zusammen mit Hinrich Baller ein gemeinsames Architekturbüro. Von 1989 an hatte sie ihr eigenes Büro, das sie in den schwierigen, frühen 2000er-Jahren langsam auslaufen ließ. Ein besonders wichtiges Projekt aus dieser Zeit war der Umbau der VEB Berlin Kosmetik zum Gründerinnenzentrum WeiberWirtschaft (1994–1996). Parallel war sie ab 1989 Universitätsprofessorin für Entwerfen und Baukonstruktion an der GhK Kassel und 1996–2007 für Entwerfen und Bauen im Bestand an der BTU Cottbus.

© Archiv Baller

Gründerinnenzentrum WeiberWirtschaft, Berlin, Inken Baller, Foto: © WeiberWirtschaft, Florian Bolk

Was zeichnet für Sie Architektur aus?
Architektur verändert unsere Umwelt und wirkt bewusst und unbewusst auf unsere Wahrnehmung und auf unser Befinden. Bruno Taut hat einen scheinbar einfachen Leitsatz geprägt: Aufgabe der Architektur ist die Schaffung des schönen Gebrauchs. Dazu gehört für mich auch, dass sie Möglichkeiten zur individuellen Aneignung bietet.

Was hat Sie in Ihrem Werdegang als Architektin geprägt?
Stark beeinflusst hat mich meine Studienzeit in Berlin von 1962 bis 1969: die Auseinandersetzung mit wichtigen Vorbildern wie Hans Scharoun oder Bernhard Hermkes, aber auch die Umbruchzeit um 1968 mit der kritischen Reflektion von Ernst Bloch, Theodor W. Adorno und Themen wie Partizipation, Nachhaltigkeit oder dem Umgang mit dem Bestand.

Was würden Sie jungen Architekturstudentinnen raten?
Architektur ist nach wie vor ein Traumberuf für mich, weil er so unglaublich viele Aspekte aufweist und die Ergebnisse der durchaus mühsamen Arbeit real erlebbar sind und bleiben. Ich weiß, dass es heute wesentlich mehr Regularien, Normen und Gesetze gibt als zu Beginn meiner Architektinnentätigkeit. Es lohnt sich, sich dafür einzusetzen, hier wieder ein vernünftiges Maß zu erreichen. Die Aufgaben sind ohnehin schon komplex genug.

Gründerinnenzentrum WeiberWirtschaft, Berlin,
Inken Baller, Foto: © WeiberWirtschaft,
Florian Bolk

Gründerinnenzentrum WeiberWirtschaft, Berlin,
Inken Baller, Foto: © Erik-Jan Ouwerkerk

Inken Baller

Christin Baumeister

gründete 1999 zusammen mit Thomas Dietzsch das Büro Baumeister und Dietzsch Architekten. Während und nach ihrem Studium an der TU Berlin und vor der Bürogründung war sie für namhafte Architekturbüros im In- und Ausland tätig. Das Büro hat seinen Schwerpunkt im privatem Wohnungsbau, plant aber auch Gewerbe- und Kulturbauten – in jedem Maßstab, als Neubau und im Bestand. Alle Projekte werden gemeinschaftlich und in gleichberechtigter Partnerschaft bearbeitet.

© Sarah Held

Warum sind Sie Architektin geworden?
Mit 16 Jahren habe ich zum ersten Mal Berlin besucht, die Mauer stand noch. Die Stadt hat mich ebenso herausgefordert wie begeistert. Sie hat meine Leidenschaft für Architektur und Raum geweckt und in mir den Wunsch hervorgerufen, Architektin zu werden.

Was zeichnet für Sie Architektur aus?
Wenn sie mich überrascht und beglückt und ein sorgfältiger Umgang mit der Aufgabe, der Umgebung und dem Detail spürbar wird.

Was hat Sie in Ihrem Werdegang als Architektin geprägt?
Ich hatte das Glück, früh bei herausragenden Architekten wie Herzog & de Meuron und Hans Kollhoff arbeiten zu dürfen. Deren bedingungslose, freudige Leidenschaft für die Architektur und konse-

quente Haltung im Entwurfs- und Ausführungsprozess haben mich nachhaltig beeindruckt.

Was würden Sie jungen Architekturstudentinnen raten?
Sucht euch gute Schulen und gute Büros, denn eine gute Ausbildung schafft Selbstbewusstsein!
Bildet Allianzen, denn ein gutes Netzwerk schafft Stabilität!
Seid mutig und hartnäckig und verfolgt euren Weg!

Baumeister und Dietzsch Architekten
www.baumeister-dietzsch.de

CAMP4, Karl-Marx-Allee, Berlin, Baumeister und Dietzsch Architekten, Foto: © Stefan Müller

Wohn- und Geschäftshaus Auguststraße 50b,
Berlin, Baumeister und Dietzsch Architekten,
Foto: © Stefan Müller

Baugruppe Bielefelder Straße 13, Berlin,
Baumeister und Dietzsch Architekten,
Foto: © Stefan Müller

Christin Baumeister

Anne Boissel

studierte Architektur an der HdK Berlin und am Pratt Institute in New York City. Nachdem sie 2001–2005 Projektleiterin im Berliner Lichtplanungsbüro studio dinnebier war, gründete sie 2005 in Berlin ihr eigenes Büro. Seitdem arbeitet sie hauptsächlich mit Licht im angewandten und künstlerischen Bereich. 2008 war sie Stipendiatin der Deutschen Akademie Rom in der Casa Baldi in Olevano Romano, 2010 Villa-Serpentara-Stipendiatin der Akademie der Künste.

© privat

Lichtinstallation Brücke Hardenbergstraße, Berlin, 2015, Anne Boissel, Foto: © Udo Meinel

Warum sind Sie Architektin geworden?
Vor dem Studium hatte ich überlegt, Biochemie, Kunst oder Architektur zu studieren. Ich habe mich dann für die Architektur entschieden, da sich hier meine gestalterischen und naturwissenschaftlich-technischen Interessen verbinden ließen. Außerdem hatte ich das Bedürfnis, mich in gestalteten Räumen aufzuhalten. Letztendlich bin ich nicht Architektin geworden, sondern arbeite heute im Bereich zwischen Licht, Raum und Architektur. Meine Arbeit hat auch einen großen naturwissenschaftlichen Anteil.

Was würden Sie jungen Architektur-studentinnen raten?
Furchtlosigkeit, den eigenen Interessen zu folgen, viel zu reisen und dem zeitgenössischen Diskurs der Architektur zu folgen.

Welche Strategien verfolgen Sie, um Ihr Büro erfolgreich zu führen?
Als kleines Büro nimmt man alle Aufträge an und versucht diese, so gut wie möglich, zu bearbeiten. Neben den Auftragsarbeiten probiere ich Zeit für freie Arbeiten zu finden, um das eigene Profil zu schärfen.

Anne Boissel
www.anneboissel.de

Lichtinstallation Rathaus Lichtenberg, Berlin,
2019, Anne Boissel, Foto: © Andrew Alberts

Galerie Zeppieri, Olevano Romano, 2010,
Anne Boissel, Foto: © Udo Meinel

Anne Boissel

Astrid Bornheim

lehrt Experimentelles Entwerfen und Exhibition Design an der Bochum University of Applied Sciences. Sie studierte unter anderem an der TU Wien bei Peter Cook und in der Meisterklasse von Wolf D. Prix an der Universität für angewandte Kunst Wien. Seit ihrem Stipendium an der Akademie Schloss Solitude arbeitet sie an der Schnittstelle zwischen Kunst und Wissenschaft. Zu ihren mit internationalen Preisen ausgezeichneten Projekten gehören Ausstellungen und Räume für Wissensvermittlung. Aktuell wird ihr mit dem ersten Platz ausgezeichnete Wettbewerbsentwurf für die Gestaltung des Museums der Staatsbibliothek Unter den Linden realisiert.

© Astrid Bornheim
Architektur

Warum sind Sie Architektin geworden?
Ich hatte die Wahl zwischen Raumfahrt und Raumerfindung. Die Raumerfindung hat meine Neugierde geweckt.

Was zeichnet für Sie Architektur aus?
Gute Architektur wirkt als Rezeptor[1] für Bewegung und Begegnung im Raum.

1 Rezeptor: Struktur zur Wahrnehmung von Veränderungen, von lat. recipere „aufnehmen"

Was hat Sie in Ihrem Werdegang als Architektin geprägt?
Wichtig für mich waren Reisen in das Lichtgefüge der Steinbrüche im Rheinischen Siebengebirge und in die innere Struktur des CERN in Genf. Geprägt haben mich dort die Lust am Materialexperiment, das Spiel mit Maß und Maßstäblichkeit, die Schönheit von Komplexität und die Freude an der Imagination.

Was würden Sie jungen Architekturstudentinnen raten?
Ich empfehle den Horizont erweiterndes Reisen und radikales Experimentieren.

Welche Strategien verfolgen Sie, um Ihr Büro erfolgreich zu führen?
Ich ziele auf konzentrierten Dialog und führe mit entspanntem Lachen.

Bar, München, Astrid Bornheim Architektur,
Foto: © David Franck

Astrid Bornheim Architektur
www.astridbornheim.de

Conference, München, Astrid Bornheim
Architektur, Foto: © David Franck

Akademie, Heidelberg, Astrid Bornheim
Architektur mit R. Kunze, A. Oevermann,
Foto: © David Franck

Benita Braun-Feldweg

studierte Architektur an der Universität Dortmund und der Universität Stuttgart. Als Fulbrightstipendiatin absolvierte sie ihr Masterstudium der Architektur am Pratt Institute in New York City und studierte Malerei an der New York Studio School. 1999 gründete sie zusammen mit ihrem Partner Matthias Muffert ihr Architekturbüro, das seit 2019 unter dem Namen bfstudio Partnerschaft von Architekten mbB Benita Braun-Feldweg & Matthias Muffert geführt wird. 2014 wurde sie in den BDA Berlin berufen.

© Illing & Vossbeck

METROPOLENHAUS Am Jüdischen Museum, Berlin, Gartenfassade, bfstudio-architekten, Foto: © Werner Huthmacher

Warum sind Sie Architektin geworden?
Der Beruf meiner Eltern, beide Architekt*innen, prägte das Familienleben: Baustellenbesuche statt Sonntagsspaziergänge waren an der Tagesordnung. Die Herausforderung, ein gemeinsames Büro zu führen, zugleich das Familienleben zu organisieren und dabei – aus Sicht meiner Mutter – zeitlebens als emanzipierte Architektin wahrgenommen zu werden, wurde mir schon früh bewusst. Trotzdem bin ich Architektin geworden …

Was hat Sie in Ihrem Werdegang als Architektin geprägt?
In meiner Haltung geprägt hat mich im Architekturstudium in Stuttgart mein Professor Walter Förderer: Eine Frage wurde zum Entwurf, der Entwurf zur Haltung. Künstlerisch bereichert hat mich meine Zeit in New York: *the city as a laboratory.*

Welche Strategien verfolgen Sie, um Ihr Büro erfolgreich zu führen?
Wir setzen uns Themen mit gesellschaftlicher Relevanz und entwickeln „Architektur mit Programm", die unser Verständnis einer gemischten Stadt berücksichtigt, wie beispielsweise das Konzept des „Aktiven Erdgeschosses". Um diese Ziele umsetzen zu können, übernehmen wir Rollen als Projektentwickler*innen, Bauherr*innen und Kulturmanager*innen.

bfstudio Partnerschaft von Architekten
www.bfstudio-architekten.de

METROPOLENHAUS Am Jüdischen Museum,
Berlin, Foyer, bfstudio-architekten,
Foto: © Werner Huthmacher

METROPOLENHAUS Am Jüdischen Museum,
Berlin, Platzfassade, bfstudio-architekten,
Foto: © Werner Huthmacher

Benita Braun-Feldweg

Vanessa Miriam Carlow

ist Architektin und Stadtplanerin.

Sie studierte Architektur an der TU Berlin sowie der TU Delft, hat einen Masterabschluss in Urban Management fünf Europäischer Universitäten und wurde an der Königlich Dänischen Kunstakademie in Kopenhagen promoviert. Seit 2012 leitet sie das Institute for Sustainable Urbanism an der TU Braunschweig. Zuvor war sie Mitgründerin von COBE in Kopenhagen und Alleininhaberin von COBE Berlin. Carlow hat an Universitäten weltweit unterrichtet, unter anderem hatte sie eine Gastprofessur an der Cornell University in Ithaca, New York inne. Ihre Arbeit wurde mit renommierten Preisen, wie dem Goldenen Löwen der Architekturbiennale 2006, ausgezeichnet.

ISU SPatial Analytics + Crossdiciplinary Experimentation Lab, TU Braunschweig, TU Braunschweig / GB 3 i.V. Sabine Jaspers (Bauherrin); Vanessa Miriam Carlow, Chantal Karadag, Olaf Mumm (Vor-/Entwurfsplanung); Andreas Ostermann (Ausführungsplanung, Bauüberwachung), Foto: @ Noshe

Warum sind Sie Architektin geworden?
Die Wende und die Zeit danach erlebte ich sehr intensiv in Potsdam und Berlin. Damals bewegte mich, wie sehr sich die Städte bis zu einem Grad wandelten, den ich selbst nicht mehr mit meiner Lebenswirklichkeit oder Erinnerung in Einklang bringen konnte. Stellvertretend für diese Befremdung steht für mich zum Beispiel der sorglose Rückbau von Objekten oder Ensembles der sozialistischen Moderne. Als Ossi wollte ich dem herablassenden Umgang mit der jüngeren Architekturtradition meiner Heimat etwas entgegensetzen, aber auch einen Beruf ergreifen, der es mir ermöglichen würde, die mir weitgehend unbekannte Welt zu entdecken. Aus dieser Kombination heraus wurde ich Architektin.

Was zeichnet für Sie Architektur aus?
Mein Fokus liegt auf guten Städten –

gute Architektur ist darin immer auch enthalten. In guten Städten stehen die Bedürfnisse der Menschen im Zentrum.

Was hat Sie in Ihrem Werdegang als Architektin geprägt?
Die Tatsache, dass ich eine Frau ostdeutscher Prägung bin, hat mich wohl mehr geprägt als alles andere.

Vanessa Carlow Urbanism Research Architecture
www.vanessacarlow.de

LIMITS
SPACE AS RESOURCE

Vanessa Miriam Carlow

Limits. Space as Resource, jovis Berlin,
Vanessa Miriam Carlow,
Foto: © Vanessa Miriam Carlow

Masterplan Neues Gartenfeld Berlin,
Vanessa Miriam Carlow / COBE Berlin,
Foto: Vanessa Miriam Carlow / COBE Berlin

Vanessa Miriam Carlow

Julia Dahlhaus

studierte Architektur an der HdK Berlin und der RWTH Aachen. Als Architektin arbeitete sie für Staab Architekten und Max Dudler. Sie wurde 2006 in den BDA und Ende 2015 in dessen Vorstand berufen, seit 2019 ist sie Vorsitzende des BDA Berlin. 2007 gründete sie das Netzwerk Berliner Baugruppen Architekten NBBA mit und war dort bis Mitte 2015 Vorstandsmitglied. 2003–2006 war sie Wissenschaftliche Mitarbeiterin am Lehrstuhl Entwerfen und Wohnungsbau an der Bauhaus-Universität Weimar, 2019 war sie Gastprofessorin an der FH Erfurt. Zudem ist sie als Jurorin und Expertin in zahlreichen Verfahren und Gremien tätig. 2012 gründete sie mit Michael Müller und Philipp Wehage die DMSW Partnerschaftsgesellschaft von Architekten.

© Dawin Meckel

Warum sind Sie Architektin geworden?
Ich konnte mir keinen anderen Beruf vorstellen. Mich haben Raum, Ästhetik und Material begeistert. Ich wollte im Team arbeiten.

Was hat Sie in Ihrem Werdegang als Architektin geprägt?
Vor allem mein Studium an der HdK und hier insbesondere die Lehre von Alfred Grazioli und Hilde Léon, die uns konzeptionelles und strukturelles Denken beigebracht haben sowie das kritische Hinterfragen bei gleichzeitiger Begeisterungsfähigkeit. Max Dudler war als Chef sehr prägend. Er hat mir ein hohes Maß an Vertrauen entgegengebracht sowie Verantwortung übergeben, was ich gerne angenommen habe.

Welche Strategien verfolgen Sie, um Ihr Büro erfolgreich zu führen?
Das Wichtigste ist die gute Zusammenarbeit mit meinen beiden Partnern. Alles weitere ergibt sich daraus. Uns drei verbindet das Ziel einer vertrauensvollen und respektvollen Zusammenarbeit mit unseren Bauherr*innen, Planungspartner*innen, und unserem Team. Außerdem: Engagement und Gradlinigkeit.

Dennewitzstraße, Berlin, DMWS Architekten in Arge mit roedig.schop architekten und sieglundalbert architekten, Foto: © Stefan Müller

DMSW Architekten
www.dmsw.de

Görschstraße, Berlin, DMSW Architekten,
Foto: © Stefan Müller

Wohnen am Weißensee, Berlin,
DMSW Architekten, Foto: © Werner Huthmacher

Julia Dahlhaus

Christine Edmaier

studierte an der HdK Berlin und der Università Iuav di Venezia. Seit 2015 ist sie gemeinsam mit Dortje Säum und Sabine Krischan Partnerin im Büro S. E. K. Architektinnen. Davor führte sie bereits seit 1991 ein eigenes Büro für Architektur und Städtebau, 1996–1997 hatte sie eine Gastprofessur an der weißensee kunsthochschule berlin inne. Seit 2002 engagiert sie sich ehrenamtlich: 2002–2008 als Vorsitzende des BDA Berlin, seit 2009 als Vizepräsidentin und 2013–2021 als Präsidentin der Architektenkammer Berlin.

© von Ostmann

Warum sind Sie Architektin geworden?
Der Beruf schien mir eine gute Wahl für jemanden mit vielfältigen Interessen und Anlagen: Kunst, Technik, Menschen.

Was zeichnet für Sie Architektur aus?
Eine individuelle Antwort auf einen Bedarf, eine Situation, eine Stadt oder Landschaft.

Was hat Sie in Ihrem Werdegang als Architektin geprägt?
Am meisten vielleicht Luigi Snozzi und seine Idee einer städtebaulichen Auseinandersetzung mit dem Vorgefundenen – sei es ein Dorf, ein Berg oder ein ganzes Territorium.

Was würden Sie jungen Architekturstudentinnen raten?
Lange studieren! Und nicht an eine vermeintliche Sicherheit denken – die es ohnehin niemals gibt!

Welche Strategien verfolgen Sie, um Ihr Büro erfolgreich zu führen?
An (offenen) Wettbewerben teilnehmen, möglichst gewinnen und in einem kleinen, motivierten Team umsetzen.

S. E. K. Architektinnen
www.sek-architektinnen.net

Mehrfamilienhaus in Berlin, Christine Edmaier,
Foto: © Rainer Gollmer

Einfamilienhaus in Schönwalde,
Christine Edmaier, Foto: © Werner Huthmacher

Christine Edmaier

Gemeindezentrum „FesteBurg" in Hamburg,
Christine Edmaier, Foto: © Oliver Heissner

Christiane Fath ist Architektin und Kulturmanagerin und gründete 2002 die Galerie framework in Berlin und Wien. In knapp 50 Ausstellungen brachten hier progressive Architekturschaffende ihre Positionen in den öffentlichen Diskurs ein. Atmosphäre und Relevanz schaffen, Themen aufspüren, Konzepte entwickeln und den Zeitgeist transportieren – dies begleitet bis heute ihre Arbeit, ob als Teil des kuratorischen Teams der Architekturbiennale Venedig, als Mitglied des Kuratoriums der Schelling-Architekturstiftung, als Redakteurin bei der Bauwelt für Corporate-Publishing-Formate oder bei der Revitalisierung von Orten, analog und digital.

© Werner Huthmacher

Revitalisierung Cottage, Brandenburg am Rhin,
C.FATH ARCHITECTURE COMMUNICATION,
Foto: © Schnepp Renou

Warum sind Sie Architektin geworden?
Die Vielfalt an gesellschaftlichen Themen, mit denen sich Architekt*innen beschäftigen müssen, um Architektur zu denken und zu bauen, fand ich immer spannend. Das Zusammenspiel von Mathematik und Kunst, Logik und Kreativität, Ästhetik und Atmosphäre, Bild und Sprache interessiert mich bis heute.

Was zeichnet für Sie Architektur aus?
Gute Architektur kommuniziert mit dem Kontext, reagiert auf die Nachbarn und entwickelt doch eine eigene Identität. Sorgfalt in der Wahl der Materialität, ein durchdachter Grundriss, spürbare Leidenschaft im Entwurf, Atmosphäre und Ästhetik im Raum, ein Mehrwert über die Funktionalität hinaus, subjektive Schönheit, individuelle Ambition. Feine Details. Erlesenes Licht und Farben. Präzision.

Was hat Sie in Ihrem Werdegang als Architektin geprägt?
Stipendien in Syrien und Italien, durch die meine Sichtweisen auf Alltag und Bedürfnisse der Gesellschaft geprägt wurden, anspruchsvolle Lehrende wie Giorgio Grassi und herausfordernde wie Oda Pälmke oder Walter Stamm-Teske. Sie haben mich konzeptionelles Entwerfen und klare Präsentation gelehrt – und wie wichtig dabei Kommunikation, Beharrlichkeit und unendlich viele Versuchsanordnungen sind. Das offene Schauen, Wahrnehmen, Lesen, Zuhören und Denken, übersetzt in Konzept und darstellende (Sprach-)Mittel.

C.FATH ARCHITECTURE COMMUNICATION,
www.christianefath.de

Revitalisierung Cottage, Brandenburg am Rhin,
C.FATH ARCHITECTURE COMMUNICATION,
Foto: © Schnepp Renou

Revitalisierung Cottage, Brandenburg am Rhin,
C.FATH ARCHITECTURE COMMUNICATION,
Foto: © Schnepp Renou

Christiane Fath

44

Ulrike Flacke und Nina Otto

© Lidia Tirri

„Was die Architektur von Ulrike Flacke und Nina Otto charakterisiert, ist eine hohe Sensibilität für Raumvolumina, für das Verhältnis von Wand- und Fensterflächen, für Durchgänge und Übergänge. Die Architektinnen entwickeln Raumkonzepte, die im besten Sinne als ‚integral' bezeichnet werden können – ungewöhnlich einfache, aber auch komplexe Detaillösungen und eine sorgfältige Materialwahl stehen im Dienst eines harmonischen Raumerlebens und erlauben zugleich eine optimale Alltagstauglichkeit." Isabel Podeschwa, Kunsthistorikerin

Warum sind Sie Architektinnen geworden?
Ein unbedingter Gestaltungswille hat mein Interesse für den Beruf der Architektin geweckt. UF
Weil ich es toll finde, dass eine Zeichnung und eine Idee zur Realität werden. NO

Was zeichnet für Sie Architektur aus?
Architektur, die sich mit ihrer Umgebung und ihren Nutzer*innen auseinandersetzt. NO
Architektur, die sich manifestiert, nicht modisch ist, die dauerhaft dem kritischen Blick standhält. UF

Was hat Sie in Ihrem Werdegang als Architektinnen geprägt?
Das Erschließen, Erfahren, Erleben von besonderen Gebäuden, wie zum Beispiel dem Louisiana Museum of Modern Art in Kopenhagen oder La Tourette bei Lyon. UF
Das Studium in Berlin, Frankreich und Holland und die damit verbundenen, sehr unterschiedlichen Haltungen zur Architektur. NO

Was würden Sie jungen Architekturstudentinnen raten?
Vor dem Studium eine Lehre als Schreinerin oder Malerin zu absolvieren. An verschiedenen Orten zu studieren und in unterschiedlichen Büros, in der Verwaltung oder an der Universität zu arbeiten. NO
Neugierig sein, reisen, mit anderen Studierenden zusammen arbeiten, diskutieren. Nie aufgeben, Distanz nehmen und viel zeichnen, wenn man Zweifel hat. UF

Moderne Stadtvilla, München,
FLACKE + OTTO ARCHITEKTEN,
Foto: © Christian Kain, K+W Fotografie

FLACKE + OTTO ARCHITEKTEN
www.fl-ot.com

Holzhaus an der Mühle, Brodowin,
FLACKE + OTTO ARCHITEKTEN,
Foto: © Lidia Tirri

Grünes Haus, Berlin,
FLACKE + OTTO ARCHITEKTEN,
Foto: © Lidia Tirri

Ulrike Flacke und Nina Otto

Laura Fogarasi-Ludloff

gründete 2007 Ludloff Ludloff Architekten mit Jens Ludloff. Sie studierte in Wien und Dortmund, hatte 2013 eine Gastprofessur an der FH Erfurt inne und war 2014 für den arcVision Prize nominiert. 2017 erfolgte die Berufung in den BDA, 2019 die Wahl in dessen Vorstand. Im Zentrum ihrer Arbeit stehen Themen der Wahrnehmung und der sinnlichen Qualität von Architektur, die zu einer bewussten Überlagerung von Atmosphären und Bildern führen. Die gestalterischen Antworten hinterfragen vermeintlich gefestigte kulturelle Erfahrungen. Zu ihren gebauten Werken gehören die Botschaft für Kinder, ausgezeichnet mit dem BDA PREIS BERLIN 2018, und die 2019 mit dem Berliner Holzbaupreis ausgezeichnete Mensa auf dem Tempelhofer Feld.

© Werner Huthmacher

Was hat Sie in Ihrem Werdegang als Architektin geprägt?
Ich würde Julia Bolles-Wilson und Peter Wilson nennen, die von der AA London kommend, in ihrer Kombination aus Intellektualität und intuitivem Entwerfen den Gegenpol zu der eher rigideren Architekturauffassung an der Universität Dortmund bei J. P. Kleihues bildeten.

Was würden Sie jungen Architekturstudentinnen raten?
Reisen, reisen, reisen – um Gebäude real zu sehen, zu betreten, sie körperlich zu erleben und nicht nur als Bild zu konsumieren.
Wichtig finde ich auch, schon im Studium in Büros zu arbeiten. Die Kombination von Praxis im Büro und Theorie sowie Freiheit im Entwerfen an der Universität sind unverzichtbar, um für die Komplexität architektonischer Arbeit gewappnet zu sein.

Welche Strategien verfolgen Sie, um Ihr Büro erfolgreich zu führen?
Wir setzen uns mit gesellschaftlich relevanten Themen auseinander, die sich um die Frage drehen: Wie gehen wir als Zivilgesellschaft mit den begrenzten Ressourcen unseres Planeten um? Unsere Arbeiten verstehen wir als Antworten und Testfelder einer forschenden Praxis.

Ludloff Ludloff Architekten
www.ludloffludloff.de

Ausstellungshalle für ophelis, Bad Schönborn, Ludloff Ludloff Architekten, Foto: © Jan Bitter

SOS Kinderdorf, Botschaft für Kinder,
Berlin, Ludloff Ludloff Architekten,
Foto: © Werner Huthmacher

Mensa auf dem Tempelhofer Feld,
Berlin, Ludloff Ludloff Architekten,
Foto: © Christian Gahl

Laura Fogarasi-Ludloff

Silke Gehner-Haas

gründete 1993 HAAS Architekten gemeinsam mit ihrem Partner Friedhelm Haas. Zunächst beschäftigte sie sich mit Bauten für soziale Einrichtungen und Werkstätten. Es folgte eine besondere Qualifizierung des Büros für Glas- und Gewächshausbau im Bereich Forschung, aber auch im denkmalpflegerischen Kontext sowie Wohnbauprojekte für die öffentlichen Gesellschaften oder private Bauherren. Silke Gehner-Haas studierte Architektur an der FH Münster und der Politechnika Krakowska, wo sie auch ihr Diplom ablegte. Sie war 1991–1993 Mitarbeiterin im Büro BOLLES+WILSON in Münster.

© Anette Koroll FOTOS,
Lea Städler

Was zeichnet für Sie Architektur aus?
Architektur bedeutet Auseinandersetzung mit Bedürfnissen und Sehnsüchten, Berücksichtigen von räumlichen Gegebenheiten und Möglichkeiten, Empfinden für soziale Strukturen, sensibler Umgang mit Gesellschaft und das Bewahren und Schützen von natürlichen Strukturen.

Was hat Sie in Ihrem Werdegang als Architektin geprägt?
Das Dranbleiben, das Um-die-Ecke-Denken bis zum Schluss und den unkonventionellen Umgang mit Räumen, Materialien, logischen und logistischen Zusammenhängen habe ich sehr eindrücklich im Büro BOLLES+WILSON wahrgenommen.

Was würden Sie jungen Architekturstudentinnen raten?
Ich würde empfehlen, sich Zeit zu nehmen – einerseits für stabilisierende Reflexion und andererseits mutig loszulassen, zu riskieren und enthusiastisch neue Ideen auszuleben.

Welche Strategien verfolgen Sie, um Ihr Büro erfolgreich zu führen?
Eingeschlagene Wege müssen immer wieder geprüft und gegebenenfalls nachjustiert werden: mit Leidenschaft das Ziel im Auge behalten, Zweifel zulassen, dabei aber immer konstruktiv bleiben.

Baulückenschluss Zehdenicker Straße, Berlin, HAAS Architekten, Foto: © atelier altenkirch

HAAS Architekten
www.haas-architekten.de

Mehrfamilienwohnhaus Wilhelm-Kuhr-
Straße, Berlin, HAAS Architekten,
Foto: © atelier altenkirch

Wohnhaus H, Berlin, HAAS Architekten,
Foto: © atelier altenkirch

Silke Gehner-Haas

Doris Gruber

studierte Architektur in München. 1992 gründete sie zusammen mit Bernhard Popp ihr eigenes Büro: Gruber + Popp Architekt:innen. Seit 1996 ist sie Mitglied im BDA, 2007–2011 war sie dessen Vizepräsidentin. Sie arbeitete zum Thema Qualitätsstandards im zeitgemäßen Schulbau und nahm als Expertin am Forschungsprojekt „Raum und Inklusion im Schulbau" teil. Sie ist Jurymitglied bei diversen Architekturwettbewerben und seit 2021 Beisitzerin im Eintragungsausschuss der Architektenkammer Berlin.

© Steffen Fuchs

Warum sind Sie Architektin geworden?
Neben der Vielfältigkeit des Themas Architektur interessiert mich die Möglichkeit, Ideen zu materialisieren – vom Konzept bis zur Baustelle.

Was zeichnet für Sie Architektur aus?
Einen verantwortungsbewussten Beitrag zu einer lebenswerten Umgebung zu leisten.

Was hat Sie in Ihrem Werdegang als Architektin geprägt?
Wir haben direkt nach dem Studium unser eigenes Büro gegründet und konnten viele Erfahrungen eigenständig machen – der Entwicklungsprozess dauert an.

Was würden Sie jungen Architekturstudentinnen raten?
Architektur als ganzheitliche Profession zu betrachten.

Welche Strategien verfolgen Sie, um Ihr Büro erfolgreich zu führen?
Wir setzen thematische Schwerpunkte und spezialisieren uns auf bestimmte Bereiche. Wir verbinden Forschung und Bauen – das ermöglicht uns, Zukunftsthemen zu vertiefen.

Betonoase, Berlin, Gruber + Popp Architekt:innen, Foto: © Alexander Blumhoff

Gruber + Popp Architekt:innen
www.gruberpopp.de

Haus Jauch, München, Gruber + Popp
Architekt:innen, Foto: © Hanns Joosten

Haltestelle Hauptbahnhof, Berlin,
Gruber + Popp Architekt:innen, Foto: © BEGA

Doris Gruber

Almut Grüntuch-Ernst

gründete 1991 mit Armand Grüntuch das gemeinsame Büro in Berlin. Sie studierte an der Universität Stuttgart und der Architectural Association School of Architecture in London, arbeitete bei Alsop & Lyall in London und lehrte an der HdK Berlin. Sie ist international gefragt für Vorträge und Preisgerichte, war 2006 Generalkommissarin des deutschen Beitrags für die 10. Architekturbiennale Venedig und 2010–2015 Mitglied der Kommission für Stadtgestaltung der Stadt München. Seit 2011 ist sie Professorin an der TU Braunschweig, seit 2016 Mitglied der Akademie der Künste in Berlin.

© Bernd Bauerochse

Warum sind Sie Architektin geworden?
Raumerlebnisse haben mich schon als Kind nachhaltig fasziniert und beschäftigt. Die Vielschichtigkeit meiner Interessen wollte ich durch die Berufswahl nicht einseitig vertiefen, sondern erhalten und im Studium der Architektur ganzheitlich weiter ausbauen.

Was hat Sie in Ihrem Werdegang als Architektin geprägt?
Die Jahre in London im Büro Alsop & Lyall und an der AA waren sehr prägend mit ihren Diskussionen zwischen Hightech-Architektur und der theoretischen Annäherung an das Entwerfen.

Was würden Sie jungen Architektur-studentinnen raten?
Das Reisen und das Sammeln praktischer Erfahrungen während des Studiums ist allen Studierenden zu empfehlen. Für die beruflichen und privaten Entscheidungen ist Mut wichtig. Die Kräfte wachsen mit den Aufgaben.

Welche Strategien verfolgen Sie, um Ihr Büro erfolgreich zu führen?
Es ist wichtig, eine professionelle Projektbearbeitung im Team sicherzustellen, ohne in Routinen festzufahren. Es braucht Neugierde und Offenheit für Experimente, wenn man die Fragen unserer Zeit aufgreifen und in interdisziplinärer Vernetzung arbeiten will.

Convertible City – Architekturbiennale Venedig, Grüntuch Ernst Architekten, Foto: © Jan Bitter

Grüntuch Ernst Architekten
www.gruentuchernst.de

Transformation Hauptbahnhof Chemnitz,
Grüntuch Ernst Architekten,
Foto: © Jan Bitter

Deutsche Schule Madrid, Grüntuch Ernst
Architekten, Foto: © Celia de Coca

Almut Grüntuch-Ernst

Heike Hanada gründete 1994 ihr Atelier Hanada+ in Tokyo und 2007 heike hanada_ laboratory of art and architecture in Weimar. Heute arbeitet sie als Künstlerin und Architektin in Berlin. Ihre Arbeit wurde 2007 mit dem 1. Preis für die Erweiterung der Asplund-Bibliothek in Stockholm international bekannt. Danach folgten zahlreiche Preise und Wettbewerbsgewinne. 2018 erhielt sie – in der Nachfolge von Jürgen Sawade, Max Dudler und Walter A. Noebel – den Ruf an den Lehrstuhl Gebäudetypologien der TU Dortmund. 2019 wurde sie für das Bauhaus-Museum Weimar mit dem Architekturpreis der Architektenkammer Thüringen ausgezeichnet. 2020 erhielt sie den Rompreis, 2021/22 ist sie Stipendiatin der Deutschen Akademie Rom Villa Massimo.

© Ulrike Schamoni

Warum sind Sie Architektin geworden?
Architektur dient der Gesellschaft, Kunst wirft uns auf uns selbst zurück. Beides scheint mir existentiell für unser Dasein und für unsere Zukunft zu sein.

Was zeichnet für Sie Architektur aus?
Stille.

Was hat Sie in Ihrem Werdegang als Architektin geprägt?
Das Ringen um ein differenziertes Natur- und Raumverständnis und der gleichzeitige Wille nach gebauter Form. Als Architektin und Entwurfsprofessorin begleitet meine Arbeit ein akademisch freier Blick auf die Dinge. Künstlerisches Experiment und strukturierte Analyse ermöglichen eine selbstkritische Haltung, die das zunehmend komplexe Verhältnis von Natur und Mensch, von Landschaft und Stadt aus der Distanz heraus betrachtet. Sie ermöglicht den Luxus, unbeirrt idealistische Ziele zu verfolgen, diese Ziele in die eigene Arbeit zu übertragen und an die jüngere Generation weiterzuvermitteln. Dabei steht nicht allein der Wert des Gebauten im Vordergrund, sondern ebenso die Reflexion über unser Tun sowie der gezielte Dialog mittels Ausstellungen, Vorträgen, Installationen.

Was würden Sie jungen Architekturstudentinnen raten?
… nicht länger zögern! Macht euch selbstständig!

heike hanada_laboratory of art and architecture
www.heikehanada.de

Archipelago Berlin-Brandenburg 2070,
heike hanada_laboratory of art and architecture,
Foto: © Heike Hanada, VG Bild-Kunst

Bauhaus-Museum Weimar, Fassadendetail,
heike hanada_laboratory of art and architecture,
Foto: © Andrew Alberts, VG Bild-Kunst

Heike Hanada

Bauhaus-Museum Weimar, Lichtlinien,
heike hanada_laboratory of art and architecture,
Foto: © Andrew Alberts, VG Bild-Kunst

Saskia Hebert

ist Architektin und betreibt gemeinsam mit Matthias Lohmann das Büro subsolar* architektur & stadtforschung in Berlin. Sie promovierte 2012 und arbeitet heute in Forschung, Lehre und Praxis der urbanen und gesellschaftlichen Transformation. 2015–2020 vertrat sie eine Professur im Studiengang Transformationsdesign an der HBK Braunschweig. Mit subsolar*, am Lived Space Lab der UdK Berlin (2012–2015) oder im Transformation Fitness Studio (seit 2019) gestaltet sie in verschiedenen interdisziplinären und partizipativen Kollaborationen alternative *urban imaginaries* und wünschenswerte Zukünfte.

© Anja Weber

Response-Ability: Werkstatt für spekulative Bewegung – Workshop der UdK Berlin im Haus der Statistik, Berlin, Saskia Hebert und Sabine Zahn 2018, Foto: © Markus Bader

Warum sind Sie Architektin geworden?
Weil es ein unfassbar schöner Beruf ist.

Was zeichnet für Sie Architektur aus?
Die temporäre oder dauerhafte Materialisierung eigener Ideen und Vorstellungen in einem zeiträumlichen Kontinuum und einem gesellschaftlichen Kontext.

Was hat Sie in Ihrem Werdegang als Architektin geprägt?
Die unzähligen Möglichkeits(t)räume im Postwende-Berlin der frühen 1990er-Jahre: „Luxus der Leere" am Potsdamer Platz, improvisierte Zirkusaufführungen im Spreebogen, DIY-Casinos auf Dachböden, Festivals in Abbruchhäusern und Cocktails in Kellerbars … und insgesamt die Vorstellung, dass man kein Geld braucht, um andere Städte zu (er-)finden, sondern vor allem gute Ideen, ein bisschen Zeit und viele Gleichgesinnte!

Was würden Sie jungen Architekturstudentinnen raten?
Hört gut zu, aber nie auf, selbst zu denken! Seid radikal, aber bleibt freundlich! Habt keine Angst, sondern erkennt die eigene Agency und die damit verbundene Handlungsmacht (an)! Übernehmt Verantwortung und tragt Sorge – für euch selbst, für andere und die gemeinsame Zukunft!

subsolar* architektur & stadtforschung
www.subsolar.net

Prefer-Ability: Grüße aus der Zukunft –
Wittenberger Transformationsgeschichten,
Ausstellung im öffentlichen Raum,
Foto: © subsolar* architektur &
stadtforschung 2018

Sustain-Ability: Scheunenfund – Ephemerer
Raumabschluss für ein ländliches Wirtschafts-
gebäude, Foto: © subsolar* architektur &
stadtforschung 2020

Saskia Hebert

Susanne Hofmann

ist Inhaberin des Berliner Architekturbüros die Baupiloten. Die Arbeit der Baupiloten ist sozial engagiert. Die Projekte sind auf Bildungs-, Wohn- und Kulturbauten sowie Quartiersentwicklung unter Anwendung partizipativer Entwurfsmethoden konzentriert. Das Büro wurde mehrfach ausgezeichnet, unter anderem mit dem DAM Preis für Architektur in Deutschland 2013, dem Deutschen Bauherren-preis 2015 sowie 2018 als Kultur- und Kreativpiloten. Aktuell bauen die Baupiloten Montessori-Schulen in Aachen und in Dresden. Seit 1996 hatte Susanne Hofmann unterschied-liche Gastprofessuren in London, Melbourne, Auckland und Sheffield inne und lehrt derzeit an der TU Braunschweig.

© Rosa Merk

Warum sind Sie Architektin geworden?
Weil Architektur die Grundbedürfnisse der Menschen erfüllt (zum Beispiel die des Wohnens).

Was zeichnet für Sie Architektur aus?
Architektur gibt dem Leben Raum.

Was hat Sie in Ihrem Werdegang als Architektin geprägt?
Das forschende Entwerfen, das die Bedürfnisse der Menschen zur Grund-lage meiner Arbeit macht.

Was würden Sie jungen Architektur-studentinnen raten?
Sie sollten entdecken, was sie an der Architektur lieben und dem dann konse-quent folgen.

Welche Strategien verfolgen Sie, um Ihr Büro erfolgreich zu führen?
Ich sorge einerseits dafür, dass die Kom-petenzen meiner Mitarbeiter*innen gut zusammenspielen, andererseits stelle ich meine Architektur auch immer wieder in der Öffentlichkeit zur Diskussion.

Hochhaus der Teamplayer, Haus 12, Studierenden-wohnen Siegmunds Hof, Berlin, Hochhaus-piloten (ARGE): die Baupiloten / BILLER + LANG ARCHITEKTEN, Lichtkonzept in Zusammen-arbeit mit Anne Boissel, Foto: © Jan Bitter

die Baupiloten
www.baupiloten.com

Erika-Mann-Grundschule, Berlin, Studien-
reformprojekt die Baupiloten / TU Berlin,
Foto: © Jan Bitter

Kita Krähenwinkel, Langenhagen,
die Baupiloten / Römeth Wagener Architekten,
Foto: © Jan Bitter

Susanne Hofmann

Anna Hopp

ergänzte ihr Architekturstudium an der Leibniz Universität Hannover mit einem Stipendium an der Oulun yliopisto im Norden Finnlands. Sie sammelte mehrjährige Erfahrungen im niederländischen Wohnungsbau im Amsterdamer Architekturbüro de Architekten Cie. 15 Jahre lang war Anna Hopp Partnerin von wiewiorra hopp schwark architekten in Berlin. Seit 2019 firmiert sie als annahopp architekten mit dem Schwerpunkt Wohnungs- und Bürobau. Sie ist Vorstandsmitglied des BDA Berlin.

© Allard van der Hoek

Ergänzungsneubau Finanzamt Oranienburg am ehem. KZ Sachsenhausen, De Zwarte Hond / wiewiorra hopp schwark architekten, Foto: © Allard van der Hoek

Warum sind Sie Architektin geworden?
Mich begeistert das Logische und die Musik – in der Architektur kann ich beides finden.

Was zeichnet für Sie Architektur aus?
Gute Architektur hinterlässt nur einen kleinen ökologischen Fußabdruck, dafür aber einen bleibenden Eindruck.

Was hat Sie in Ihrem Werdegang als Architektin geprägt?
Während meines Auslandstudiums in Finnland habe ich Alvar Aalto schätzen gelernt: besonders das hohe Maß an Aufmerksamkeit, das er den Materialien, der Haptik und der handwerklichen Qualität widmete. Räumlich fasziniert mich, mit welch großem Respekt vor dem Nutzer Aalto Zugänge zu Gebäuden entwarf. Darüber hinaus hat meine Tätigkeit am Institut für Ressourcensparendes Bauen meinen ganzheitlichen Ansatz geprägt.

Was würden Sie jungen Architekturstudentinnen raten?
Habt Mut zur Lücke im Lebenslauf, um die eigenen Fähigkeiten zu entdecken und euch auszuprobieren.

annahopp architekten
www.annahopp.com

Ergänzungsneubau Finanzamt Oranienburg
am ehem. KZ Sachsenhausen, De Zwarte Hond /
wiewiorra hopp schwark architekten,
Foto: © Allard van der Hoek

Ergänzungsneubau Finanzamt Oranienburg
am ehem. KZ Sachsenhausen, De Zwarte Hond /
wiewiorra hopp schwark architekten,
Foto: © Allard van der Hoek

Anna Hopp

Astrid Kantzenbach-Mola

studierte an der TU Braunschweig und dem Georgia Institute of Technology in Atlanta. Nach Erfahrungen in unterschiedlichen Büros gründete sie mit Luis Mola 2001 das Büro Mola Architekten (2007–2014 Mola+ Winkelmüller Architekten). Das Büro hat unterschiedlichste Architektur- und Städtebauprojekte geplant und realisiert. Die Bauaufgaben umfassen Neubauten, Erweiterungen und Umbauten denkmalgeschützter Gebäude. Neben einem hohen gestalterischen Anspruch und der funktionalen und wirtschaftlichen Lösung liegt der Architektin Nachhaltigkeit und Ökologie am Herzen.

© Elise Mola

Warum sind Sie Architektin geworden?
Ich hatte den Wunsch, künstlerisches Schaffen mit meinem Interesse an Naturwissenschaften zu kombinieren.

Was zeichnet für Sie Architektur aus?
Der unverwechselbare Charakter eines Gebäudes.

Was hat Sie in Ihrem Werdegang als Architektin geprägt?
Mein Verständnis von Architektur wurde durch meinen Studienaufenthalt in den USA entscheidend beeinflusst. Auf Reisen durch Europa, die USA, Indien und Brasilien habe ich Architektur der klassischen Moderne in unterschiedlichster Ausprägung und mit lokalen Einflüssen erlebt und schätzen gelernt.

Was würden Sie jungen Architekturstudentinnen raten?
Mitarbeit in guten Architekturbüros und Architektur physisch zu erkunden.

Welche Strategien verfolgen Sie, um Ihr Büro erfolgreich zu führen?
Teamwork, Offenheit und Dialog.

Haus M, Berlin, Mola Architekten,
Foto: © Mola Architekten

Mola Architekten
www.mola-architekten.de

Evangelische Kita Berlin-Rudow,
Mola Architekten, Foto: © Luca Abbiento

Rathauserweiterung Hohen Neuendorf,
Mola Architekten, Foto: © Inga Girolstein-Paul

Astrid Kantzenbach-Mola

Luise King

studierte an der TH Darmstadt und war danach Mitarbeiterin im Büro Candilis, Josic, Woods in Paris. Auf ihre selbstständige Tätigkeit ab 1970 in Frankfurt am Main folgte 1972 die Berufung in den BDA. 1974–1979 war sie wissenschaftliche Mitarbeiterin an der TH Darmstadt, 1977–1984 Dozentin an der Städelschule in Frankfurt am Main, 1987–2005 war sie Professorin für Städtebau und Siedlungswesen an der TU Berlin und 1990 Gastprofessorin am Massachusetts Institute of Technology in Cambridge, USA. Zudem war sie Mitglied in verschiedenen Städtebau-Beiräten: 1974–1990 Stadt Frankfurt am Main, 1989–1991 Senatsverwaltung Berlin, 1992–2000 Ministerium Brandenburg. 2001–2016 war Luise King im Stiftungsrat der Stiftung Städelschule für Baukunst und hatte 2011–2016 dessen Vorsitz inne.

© privat

1990 Wettbewerb Alter Schlachthof Frankfurt am Main, Ideen zu kompaktem, nachhaltigen Städte- und Wohnungsbau, Luise King, Foto: © Meyer und Kunz

Warum sind Sie Architektin geworden?
Architektur und Skulptur interessierten mich bereits im Unterricht der Schulzeit, angeregt durch einen Zeitungsartikel begeisterten mich die Ideen und Bauten Le Corbusiers.

Was zeichnet für Sie Architektur aus?
Architektur ist gelungen, wenn sie das komplexe Bündel der jeweiligen Erfordernisse – ob funktionaler, ästhetischer, sozialer oder auch nachhaltiger Art – aufs Selbstverständlichste miteinander verbindet und dabei räumlich-konzeptionell eine klare Haltung zeigt.

Was hat Sie in Ihrem Werdegang als Architektin geprägt?
Zunächst eine gute, vielseitige Ausbildung an der TH Darmstadt samt ihren intensiv vorbereiteten, anregenden Exkursionen, dann vor allem die Arbeit im Pariser Büro Candilis, Josic, Woods sowie zahlreiche Veranstaltungen der damaligen Pariser Architektur- und Kunstszene.

Welche Strategien verfolgen Sie, um Ihr Büro erfolgreich zu führen?
Strategien? Vielleicht hatte ich Glück, da ich meinen Interessen folgen und die jeweiligen Herausforderungen, die mir mein städtisches Umfeld bescherte, annehmen konnte. Hin und wieder brachte solches Engagement auch berufliche Nachteile, letzten Endes aber wesentliche Erfolge.

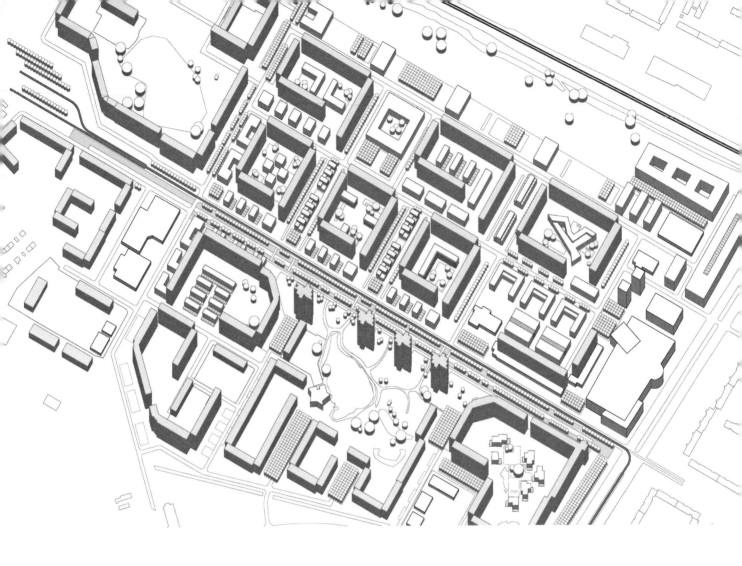

2015 „Zingster reloaded", Interdisziplinäres
Pilotprojekt zur Zukunft einer Plattenbau-
siedlung in Berlin. Beteiligte Disziplinen: Städtebau, Landschaftsarchitektur, Nachhaltige
Siedlungswasserwirtschaft, Energie und Architektur, Städtebau: Luise King, Architektin BDA,
© Verfasserteam „Zingster Reloaded"

Luise King

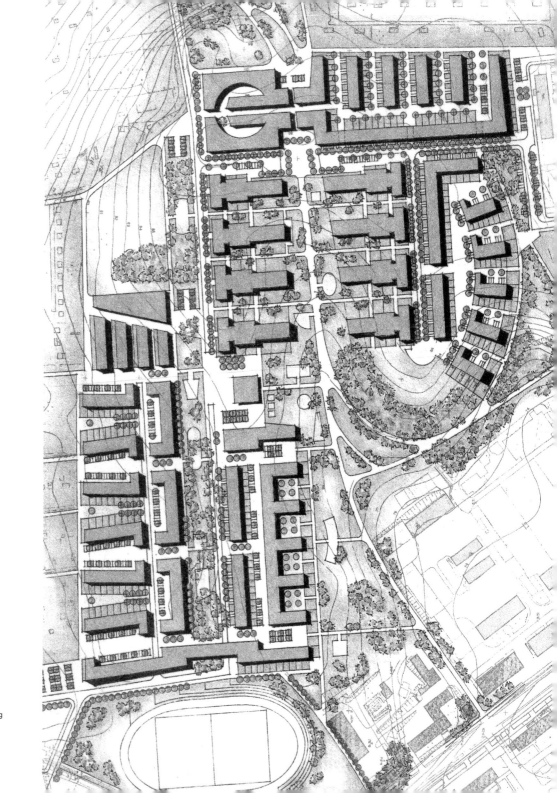

1995 Städtebaulicher Ideenwettbewerb
„Römerhügel" Frankfurt (Oder), EXWOST-
Modellvorhaben „Schadstoffminderung im
Städtebau", Luise King, Foto: © Wilmar König

Brigitte Kochta

studierte Architektur und Bau- ingenieurwesen in der Meister- klasse der Akademie der bildenden Künste Wien, der TU Berlin und der UdK Berlin und war Mitarbeiterin in den Büros OMA in Rotterdam und Calatrava Valls in Zürich. Seit der Bürogründung 1997 in Berlin arbeitet Brigitte Kochta an multiplen Projekten im Hoch- und konstruktiven Ingenieur- bau sowie an städtebaulichen und baulichen Sanierungs- maßnahmen. 2010–2014 war sie Mitglied im Vorstand des BDA Berlin, seit 2018 ist sie Vorstandsmitglied im Deutschen Werkbund Berlin. Die Karl-Branner-Brücke in Kassel wurde als herausragendes Beispiel einer gelungenen Synthese des Verkehrsbauwerkes Brücke im Stadtraum mit dem Sonder- preis des Deutschen Städtebaupreises ausgezeichnet.

© Andrea Varel

Warum sind Sie Architektin geworden?
Ich verstehe Architektur als Chance einer Synthese von Raum und Konstrukt in Theorie und Praxis.

Was zeichnet für Sie Architektur aus?
Sinnliches und intellektuelles Begreifen und der Versuch der dreidimensionalen Umsetzung in der zeitgenössischen Kultur.

Was hat Sie in Ihrem Werdegang als Architektin geprägt?
Raum, Licht, Stofflichkeit, Menschen! Seit meiner Kindheit faszinieren mich das geplante Zusammenleben in Häusern, Siedlungen und Städten sowie die multi- plen Konnotationen von Konstruktion.

Was würden Sie jungen Architektur- studentinnen raten?
Authentisch sein!

Welche Strategien verfolgen Sie, um Ihr Büro erfolgreich zu führen?
Abstand halten und dranbleiben.

Kochta Architekten
www.kochta.com

Karl-Branner-Brücke, Kassel, Brigitte Kochta / GRASSL Ingenieure, Foto: © Constantin Meyer

Fulda-Brückenquerung durch den denkmal-
geschützen Renthof, Karl-Branner-Brücke,
Kassel, Brigitte Kochta / GRASSL Ingenieure,
Foto: © Wiedemann

Fulda-Brückenquerung durch den denkmal-
geschützten Renthof, Karl-Branner-Brücke,
Kassel, Brigitte Kochta / GRASSL Ingenieure,
Foto: © Wiedemann

Brigitte Kochta

Anne Lampen

wurde schon kurz nach ihrem Studium an der TU Berlin Juniorpartnerin im Büro WSP und hatte dort intensiven Kontakt mit der behutsamen Stadterneuerung. 1994 gründete sie ihr eigenes Büro Anne Lampen Architekten in Kreuzberg 36 mit dem Fokus auf Wohnungsbau in ökologischer Bauweise für Wohnungsbaugesellschaften, Baugruppen, private Investor*innen und soziale Träger. Anfangs lag der Schwerpunkt auf denkmalgerechter Sanierung, heute auf Neubau mit optimierten Grundrissen. Ab 2007 entwickelte sie preisgekrönte Serienhäuser für Südhausbau in München, in der Folge deutschlandweit hochwertige individuelle Wohnhäuser und Villen. Seit 2015 ist Anne Lampen im Vorstand des BDA Berlin.

© Studio Monbijou, Berlin

Was hat Sie in Ihrem Werdegang als Architektin geprägt?
Die IBA 1984 und die Berliner Hausbesetzer*innen-Szene: das Infragestellen von bekannten Wohnmodellen, Freiheit für neue Lebens- und Wohnformen, neue Materialien, unkonventionelle Lösungen, auch unter Einbeziehung des Bestands. Die Beschäftigung mit dem ökologischen Bauen und eine experimentelle Herangehensweise mit dem Ziel der Umsetzung einer neuen räumlichen Idee der Stadt.

Was würden Sie jungen Architekturstudentinnen raten?
Genau das: hinterfragen, gegenhalten. Architektur spiegelt die Gesellschaft in ihrer Zeit – also aufmerksam sein, auf neue Impulse reagieren, neue Schwerpunkte setzen. Architektur steht zwar, meist auch lange, ist aber nicht statisch.

Die Sprache der Architektur ist beständiger Wandel, auch und gerade angesichts ästhetischer Lösungen, denen scheinbar nichts mehr hinzuzufügen ist.

Welche Strategien verfolgen Sie, um Ihr Büro erfolgreich zu führen?
Vielfältigkeit und Mehrgleisigkeit, breit aufgestellt sein, und damit attraktiv sein für verschiedene Optionen. Zusammenschlüsse verfolgen, objektbezogene Teams bilden, um Risiken zu verteilen und Grundkosten zu minimieren. Aber auch, um offen zu bleiben für Austausch und Inspiration.

Anne Lampen Architekten
www.anne-lampen.de

Haus A, Brandenburg, Anne Lampen Architekten, Foto: © Werner Huthmacher

Schwarze Rose Berlin, Anne Lampen
Architekten, Foto: © Lon Godin

Naugarder Straße, Berlin, Anne Lampen
Architekten, Foto: © Werner Huthmacher

Anne Lampen

Anna Lemme Berthod und Cornelia Locke

gründeten 2016 ihr Büro mit Edna Lührs in Berlin und Dresden. Grundstein war das gemeinsame Studium an der TU Dresden. Vorher sammelten die drei Partnerinnen Erfahrungen im In- und Ausland, selbstständig oder in Büros wie Müller Reimann Architekten, Anderhalten Architekten und LRS architectes in Genf sowie in der Lehre an der TU Braunschweig und der TU Dresden. Das erste gemeinsame Projekt, die experimentellen studentischen Wohnhäuser Norderoog + Süderoog in Berlin, wurde zusammen mit Silvia Carpaneto realisiert und erhielt eine Nominierung für den DAM Preis 2021 sowie einen Platz auf der Shortlist für den Deutschen Bauherrenpreis 2020. Mittlerweile führen Anna Lemme und Cornelia Locke das Büro in Berlin fort.

© Lotte Chabrowski

Warum sind Sie Architektinnen geworden?
In meiner Kindheit haben alle meine Freund*innen im gleichen Plattenbautyp gewohnt. Dann habe ich in Büchern und Zeitschriften die faszinierende Entdeckung gemacht, dass auch ganz anderes möglich ist …! CL
In meiner Familie und im Freundeskreis meiner Eltern wurde immer gebaut, oft auch gemeinsam in „Subotniks". Alle hatten alte Häuser auf dem Land. Architektur und Bauen waren früh ein vertrauter Teil meines Lebens. AL

Was zeichnet für Sie Architektur aus?
Gute Architektur ist das Gegenteil von Beliebigkeit.

Was hat Sie in Ihrem Werdegang als Architektinnen geprägt?
Am meisten geprägt haben mich die Persönlichkeiten in den Büros, in denen ich als Studentin und Berufsanfängerin gearbeitet habe. Man schaut schon genau: Wie machen die das? Wie treten sie auf, wie werden Entwürfe entwickelt, wie werden sie realisiert? CL
Mich haben vor allem Assistent*innen in meiner Studienzeit geprägt, das war zum Teil ein sehr enger Austausch auf Augenhöhe. Die waren allesamt dabei, sich gerade selbstständig zu machen. Das war sehr motivierend. AL

Welche Strategien verfolgen Sie, um Ihr Büro erfolgreich zu führen?
Wir behalten gute Laune.

Lemme Locke Lux Architektinnen
www.lemmelockelux.de

Studentische Wohnhäuser Norderoog + Süderoog, Berlin, ARGE carpaneto.schöningh / Lemme Locke Lührs, Foto: © Jan Bitter

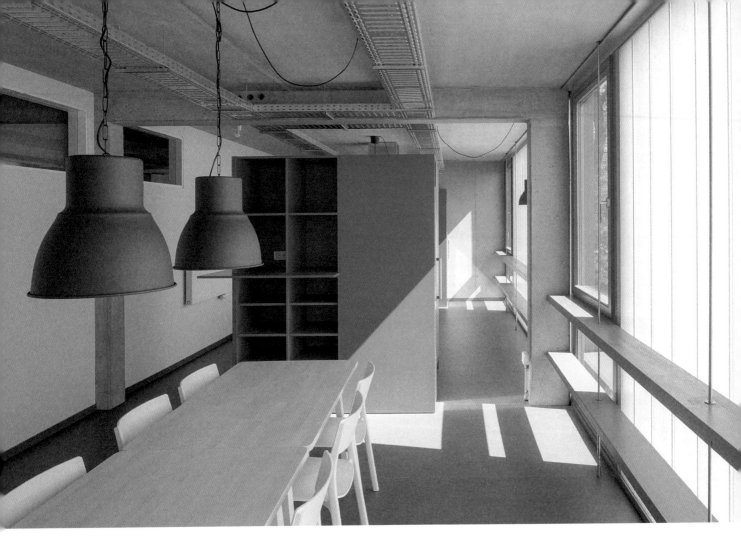

Studentische Wohnhäuser Norderoog +
Süderoog, Berlin, ARGE carpaneto.schöningh I
Lemme Locke Lührs, Foto: © Jan Bitter

Anna Lemme Berthod und Cornelia Locke

Studentische Wohnhäuser Norderoog +
Süderoog, Berlin, ARGE carpaneto.schöningh /
Lemme Locke Lührs, Foto: © Jan Bitter

Kim Le Roux und Margit Sichrovsky

haben 2015 LXSY Architekten in Berlin gegründet. Mit ihrer Arbeit wollen sie Menschen zusammenbringen und innovative Ansätze des Arbeitens und Wohnens verfolgen, um gemeinsam ein zukunftsfähiges Miteinander zu entwickeln. Aus Südafrika und Deutschland stammend bringen die beiden unterschiedliche Sichtweisen auf den Alltag und die Bedürfnisse der Gesellschaft mit. Kennengelernt haben sie sich während ihres Masterstudiums an der TU Berlin, ihre Masterarbeit zu einem Township-Upgrading-Programm in Kapstadt bildete den Anstoß für ihre Bürogründung.

© Hannes Wiedemann

Warum sind Sie Architektin geworden?
Ich bin zum Teil in Südafrika aufgewachsen und sehe im Architekturschaffen eine Möglichkeit, einen Beitrag zur sozialen Gerechtigkeit leisten zu können. Für mich ist gute Architektur für Menschen gemacht und bietet Schutz und Raum für Individualität, ermöglicht Kommunikation und stärkt Gemeinschaften. KLR

Was zeichnet für Sie Architektur aus?
Wir sind von der Fähigkeit der Architektur überzeugt, eine nachhaltige Zukunft zu fördern. Uns selbst treibt die Frage an, was Architektur bewirken kann. Über das bloße Architekturmachen hinaus ist es uns ein Anliegen, eine lebenswerte Gesellschaft für heute und zukünftige Generationen aufzubauen und damit einen positiven sozialen, kulturellen und ökologischen Impact zu generieren. MS

Welche Strategien verfolgen Sie, um Ihr Büro erfolgreich zu führen?
Als Frauen in der Architektur wollen wir nicht nur die Diversität in unserem eigenen Umfeld fördern, sondern dabei neue Formen und Strukturen der Zusammenarbeit etablieren, um eine innovative Unternehmenskultur im Bereich der Architektur zu entwickeln. MS

LXSY Architekten
www.lxsy.de

IMPACT HUB BERLIN, LXSY Architekten,
Foto: © Anne Deppe

SPIELFELD, LXSY Architekten,
Foto: © www.ishootbuildings.com

FULL NODE, LXSY Architekten,
Foto: © Anne Deppe

Kim Le Roux und Margit Sichrovsky

Tanja Lincke gründete im Jahr 2009 das Büro Tanja Lincke Architekten mit Sitz in Berlin. Vor dem Anspruch, jedes Projekt aus seiner inneren Logik heraus zu entwickeln, tritt der eigene Gestaltungswille in den Hintergrund. Die Balance zwischen dem intuitiven Umgang mit dem vorgefundenen Ort, der unaufdringlichen Inszenierung des bereits Vorhandenen und dem bewussten Hinzufügen neuer, stark positionierter Elemente zu finden, bildet die Grundlage der Auseinandersetzung bei jedem Projekt.

© Olaf Heine

Was zeichnet für Sie Architektur aus?
Es ist zunächst das raumbildende Wesen, das der Architektur innewohnt. Von guter Architektur würde ich sprechen, wenn diese in sich und in ihrer Umgebung ganz selbstverständlich wirkt, also die drei Prinzipien Vitruvs – Stabilität, Nützlichkeit und Anmut – in Einklang gebracht sind.

Was hat Sie in Ihrem Werdegang als Architektin geprägt?
Mich haben Menschen mit klaren, entschiedenen Positionen, gleich welcher Richtung, geprägt und beeinflusst. Die Auseinandersetzung mit künstlerischen Haltungen spielt für mich ebenfalls eine große Rolle.

Welche Strategien verfolgen Sie, um Ihr Büro erfolgreich zu führen?
Es sind keine wirklichen Strategien, die ich hier verfolge. Es sind ganz einfache und logische Grundsätze: Für das Entstehen einer guten Bürogemeinschaft Sorge tragen, keine Idee – egal von wem – von vornherein abtun. Und zuletzt: Beständig und hartnäckig eine Sache verfolgen, bis man tief im Inneren zufrieden ist.

Tanja Lincke Architekten
www.tanja-lincke-architekten.com

Haus an der Spree, Berlin,
Tanja Lincke Architekten, Foto: © Noshe

Atelier Anselm Reyle, Tanja Lincke Architekten,
Foto: © Noshe

Tanja Lincke

Ruinengarten, Tanja Lincke Architekten,
Anselm Reyle, Foto: © Noshe

Pia Maier Schriever

ist Architektin und Bühnen-
bildnerin. Sie ist seit 2004
selbstständig und führt seit 2016 gemeinsam mit Prof. Juergen
Rustler das Berliner Büro Rustler Schriever Architekten mit
einem Schwerpunkt auf Museumsbauten und Kulturpro-
jekten. Sie war Stipendiatin an der Deutschen Akademie Rom
Villa Massimo. Neben Architekturprojekten entwirft sie
abstrakte Bühnenbilder für Tanzproduktionen. Aktuell ist sie
Professorin in Vertretung für Entwerfen, Raum und Material
an der Hochschule Mainz. Für das New European Bauhaus
ist sie Mitglied des High-Level Roundtables der Europäischen
Kommission.

© Rustler Schriever

Warum sind Sie Architektin geworden?
Aus Begeisterung für Architektur, Raum
und Material.

Was zeichnet für Sie Architektur aus?
Atmosphärische Raumerlebnisse.

**Was hat Sie in Ihrem Werdegang als
Architektin geprägt?**
Die reale Erfahrung des menschlichen
Maßstabs, des Körpers, in Bezug zum
Raum und zu allem Gebauten.

**Was würden Sie jungen Architektur-
studentinnen raten?**
Mit Herzblut voranschreiten.

**Welche Strategien verfolgen Sie,
um Ihr Büro erfolgreich zu führen?**
Persönliches Engagement.

Halle 9 Firmenareal Kirow, Leipzig,
Rustler Schriever Architekten,
Foto: © Rustler Schriever

Rustler Schriever Architekten
www.rustlerschriever.com

Bühnenbild „Tannhäuser", Staatsoper
Unter den Linden, Berlin, Pia Maier Schriever,
Foto: © Bernd Uhlig

Medizinhistorisches Museum der Charité,
Berlin, Rustler Schriever Architekten,
Foto: © Rustler Schriever

Pia Maier Schriever

Fuensanta Nieto

studierte an der Universidad Politécnica de Madrid und der Columbia University in New York City. Sie hat eine Professur an der Universidad Europea de Madrid und ist Gründungspartnerin von Nieto Sobejano Arquitectos mit Sitz in Madrid und Berlin. Die Arbeiten des Büros wurden auf der Architekturbiennale Venedig und im Museum of Modern Art in New York City ausgestellt. Fuensanta Nieto erhielt zahlreiche Auszeichnungen, darunter den Premio Nacional de Restauración y Conservación de Bienes Culturales des spanischen Kulturministeriums, den BDA-Architekturpreis Nike für die beste atmosphärische Wirkung, den Aga Khan Award for Architecture, den Piranesi Prix de Rome, den European Museum of the Year Award, sowie den Hannes-Meyer-Preis, die Alvar-Aalto-Medaille und die Medalla de Oro al mérito en las Bellas Artes.

© Luis Sevillano

Warum sind Sie Architektin geworden?
Weil du als Architektin mit deiner Fantasie arbeitest. Und mit deinen Händen. Du baust deine Ideen, verbesserst die Lebensbedingungen von Menschen und veränderst die Stadt. Was mehr könnte man wollen?

Was zeichnet für Sie Architektur aus?
Architektur ist nicht nur ein Beruf. Es ist ein Weg, die Welt zu verstehen – alles, was uns umgibt: die Landschaft, die Stadt, die Orte, in denen wir leben. Das bringt auch eine große soziale Verantwortung mit sich, denn die Räume, die wir Architekt*innen gestalten, haben großen Einfluss auf das Leben der Menschen – viel mehr als die meisten sich vorstellen.

Was würden Sie jungen Architekturstudentinnen raten?
Ich rate meinen Studentinnen, optimistisch zu sein und nicht aufzugeben. Denn nur so ist es möglich, Projekte Wirklichkeit werden zu lassen angesichts der Schwierigkeiten, die Frauen noch immer haben, ihr Werk umfänglich zu entwickeln. Aber ich sage ihnen auch, nicht die Verantwortung zu vergessen, die wir für die Qualität der öffentlichen und privaten Räume haben, in denen das Leben der Menschen stattfindet.

Arvo-Pärt-Zentrum, Laulasmaa, Estland,
Nieto Sobejano Arquitectos,
Foto: © Roland Halbe

Nieto Sobejano Arquitectos
www.nietosobejano.com

Kunstmuseum Moritzburg Halle (Saale),
Nieto Sobejano Arquitectos,
Foto: © Roland Halbe

Museo Interactivo da Historia de Lugo, Lugo,
Spanien, Nieto Sobejano Arquitectos,
Foto: © Roland Halbe

Fuensanta Nieto

114

Sarah Perackis

lebt und arbeitet in Berlin. Sie gründete 2014 ihr Architektur-büro, welches sie seit 2018 gemeinsam mit ihrem Partner Alexander Perackis führt. Ihr Anspruch ist es, Gebäude zu erschaffen, die sich respektvoll in ihre Umgebung einordnen und gleichsam die vorgefundenen Strukturen individuell und mutig weiterentwickeln. Darüber hinaus engagiert sie sich für einen fachlich fundierten Austausch zur Baukultur und die maßgebliche Beteiligung des Berufsstandes an politischen Entscheidungsprozessen zur Gestaltung von Städten und Gebäuden. Sie ist Mitautorin des 2020 erschienen Buches „Bauordnung für Berlin im Bild".

© Anette Koroll

Warum sind Sie Architektin geworden?
… weil ich früh erkannt habe, dass ich durch die kreative Gestaltung von Räumen meine Umgebung berühren und positiv beeinflussen kann. Das motiviert und inspiriert mich.

Was zeichnet für Sie Architektur aus?
Den uns umgebenden Lebensraum zu gestalten, zu formen, ihn erleb- und erfahrbar, funktional und nutzbar zu machen.

Was hat Sie in Ihrem Werdegang als Architektin geprägt?
… festzustellen, dass das Ergebnis den – manchmal auch langen und zähen – Prozess überstrahlt!

Was würden Sie jungen Architektur-studentinnen raten?
Lasst euch nicht unterkriegen. Arbeitet nicht gegeneinander. Übernehmt Verantwortung und trefft selbstbewusst Entscheidungen!

Welche Strategien verfolgen Sie, um Ihr Büro erfolgreich zu führen?
Wir beziehen Kritik konstruktiv in Entscheidungsprozesse mit ein, ohne das Konzept und Ziel in Frage zu stellen.

Moorhof, Dobbrikow, Perackis.Architekten,
Foto: © Aline Calmet

Perackis.Architekten
www.perackis.de

U76A, Berlin, Perackis.Architekten,
Foto: © Stefan Müller

H01, Berlin, Perackis.Architekten,
Foto: © Ringo Bigalk

Sarah Perackis

Katja Pfeiffer

studierte an der RWTH Aachen und an der Bartlett School of Architecture in London. Sie arbeitete bei Peter Kulka in Köln und Dresden sowie bei léonwohlhage und Barkow Leibinger in Berlin. Hierauf folgte eine langjährige Lehrtätigkeit an der TU Berlin. Ein Wettbewerbsgewinn zusammen mit Oliver Sachse für das Saarpolygon 2011 führte zur Bürogründung von pfeiffer sachse architekten. Das Saarpolygon wurde mehrfach prämiert, unter anderem mit dem BDA Preis für Architektur und Städtebau im Saarland 2017 und dem Iconic Award 2017. Katja Pfeiffer arbeitet in unterschiedlichen Kontexten und Maßstäben – von Architekturprojekten bis hin zu Aufgaben an der Schnittstelle von Architektur und Kunst im öffentlichen Raum.

© Katja Pfeiffer

Saarpolygon, Ensdorf, Saarland,
pfeiffer sachse architekten, Foto: © Jan Siefke

Warum sind Sie Architektin geworden?
Räume und Objekte zu entwerfen und in Gedanken Realität werden zu lassen, hat auf mich von jeher eine große Faszination ausgeübt. Die Krönung ist, wenn das entworfene und geplante Bauwerk auf der Baustelle entsteht und damit physisch erlebbar wird, was ich erdacht habe. Das ist ein sehr befriedigendes Moment.

Was zeichnet für Sie Architektur aus?
Architektonisches Planen ist komplex und muss viele, oft widersprüchliche, Anforderungen in einer Gestalt integrieren. Ein klares (Gestaltungs-)Konzept dient als Leitfaden für alle Entscheidungen im Planungsprozess und lässt eine selbstverständlich erscheinende Architektur entstehen. Diese kann auch emotional und intuitiv verstanden werden, verschiedene Lesarten zulassen und im – oft von Pragmatismus geprägten öffentlichen Raum – Identität stiften.

Was würden Sie jungen Architekturstudentinnen raten?
Ich würde den angehenden Architektinnen raten, sich im Beruf genauso viel zuzutrauen wie ihre männlichen Kollegen, sich der eigenen Leistungen und Fähigkeiten bewusst zu sein und deren Anerkennung auch selbstbewusst einzufordern: Sich aus der Komfortzone der Sicherheit herauswagen, Chancen nutzen und sich von der Möglichkeit des Scheiterns nicht abhalten lassen. Konflikte nicht scheuen – sichtbar werden!

pfeiffer sachse architekten
www.ps-architekten.de

Saarpolygon, Ensdorf, Saarland,
pfeiffer sachse architekten, Foto: © Jan Siefke

Katja Pfeiffer

Lydia Rintz

studierte Architektur an der TU Berlin und der ETH Zürich. Nach ihrem Diplom an der TU Berlin im Jahr 2010 arbeitete sie freiberuflich an Projekten unterschiedlicher Maßstäblichkeit mit einem Schwerpunkt in den Bereichen Städtebau, Wohnungsbau, Bauen im Bestand und Interior. Seit 2013 ist sie gemeinsam mit Philipp Quack Inhaberin des Büros ARQ Architekten Rintz und Quack. Neben ihrer beruflichen Praxis engagiert sich Lydia Rintz seit 2012 in der städtebaulichen Lehre und ist seit 2020 Professorin für Städtebau und Entwerfen an der TH Lübeck.

© ARQ

Warum sind Sie Architektin geworden?
Ich habe nach einem weit gefassten, vielseitigen Studium gesucht, mit dem mir in der Gestaltung meines späteren Berufslebens viele unterschiedliche Wege möglich sein würden.

Was hat Sie in Ihrem Werdegang als Architektin geprägt?
Die Arbeit in ganz unterschiedlichen Maßstäben und an verschiedenen Projekten hat mich als Architektin geprägt, ebenso wie der konstruktive Diskurs und das „Voneinanderlernen" in der Zusammenarbeit mit meinen Arbeitgeber*innen und Kolleg*innen. Als inspirierend empfinde ich auch den steten Wechsel zwischen Architekturlehre und Praxis.

Was würden Sie jungen Architekturstudentinnen raten?
Architekturstudentinnen rate ich, sich vielseitigen – auch großen – Aufgaben mutig zu stellen und Eigeninitiative für Themen, an denen man interessiert ist, zu zeigen! Außerdem wünschte ich, dass sich Kolleginnen, Angestellte wie Selbstständige, für faire Arbeitsbedingungen und Beschäftigungsverhältnisse für sich selbst und andere einsetzen. Ein gerechtes, gleichberechtigtes Arbeitsfeld für Architekt*innen werden wir nur solidarisch erreichen!

Feuer- und Rettungswache Gütersloh,
ARQ Architekten Rintz und Quack GmbH,
Foto: © Laura Thiesbrummel

ARQ Architekten Rintz und Quack
www.rintzquack.de

Feuer- und Rettungswache Gütersloh,
ARQ Architekten Rintz und Quack GmbH,
Foto: © Laura Thiesbrummel

Feuer- und Rettungswache Gütersloh,
ARQ Architekten Rintz und Quack GmbH,
Foto: © Laura Thiesbrummel

Lydia Rintz

Sarah Rivière

ist eine deutsch-britische Architektin und Architekturforscherin. Nach einem ersten Studium in Physik studierte sie Architektur an der Bartlett School of Architecture in London. Sie arbeitete in London, New York, München und Berlin und gründete 2013 ihr Berliner Büro. Neben ihrer Tätigkeit als Architektin unterrichtet sie am Institut für Architektur der TU Berlin, unter anderem die Seminarreihe „Berliner Architekt*innen: Oral History" und die *Survival Lounge* nach Sara Ahmed. Ein Artikel über ihre Forschungsarbeit zu „Spaces of Conflict" wurde zuletzt im Footprint Journal der TU Delft veröffentlicht. Sarah Rivière ist seit 2001 Mitglied im RIBA UK und seit 2020 Mitglied im BDA Berlin.

© Helen Nicolai-Business Portraits.de

Warum sind Sie Architektin geworden?
Der Auslöser für meinen Berufswechsel zur Architektur kam dank der Anregung einer Freundin, die in den USA Architektur studierte. Sie teilte mir ihre Vision davon mit, was für ein Potenzial in der Architektur liegt, inspirierende Räume zu schaffen. Das gab mir den Mut zu einem Wechsel, den ich niemals bereut habe.

Was hat Sie in Ihrem Werdegang als Architektin geprägt?
In erster Linie waren das zwei Häuser: das *Schindler House* (Los Angeles, 1922) und das Einfamilienhaus *Wiveton Barn* (Norfolk, 1909) des Londoner „Arts & Crafts" Architekturbüros Smith & Brewer. Bei beiden hatte ich das Glück, mich mit deren Architektur über längere Zeit und bis ins Detail auseinandersetzen zu können. Es waren zwei Beispiele, bei denen bahnbrechende Ambitionen für soziales Zusammenleben auf herausragende Weise architektonischen Ausdruck gefunden haben.

Welche Strategien verfolgen Sie, um Ihr Büro erfolgreich zu führen?
Für mich bedeutet „Erfolg", die Problemstellungen des jeweiligen Projektes mittels forschender Entwurfsprozesse durch und durch zu verstehen. Daraus kann ein vielschichtiger Projektentwurf entstehen, der alle Interessen berücksichtigt, auch die von Akteur*innen, die sonst keine Stimme haben.

Sarah Rivière Architect
www.sarahrivierearchitect.com

Wohnhaus mit Gartenfassade in Berlin-Kreuzberg, Sarah Rivière Architect, Foto: © Jan Bitter

Wohnhaus mit Gartenfassade in Berlin-Kreuzberg,
Sarah Rivière Architect, Foto: © Jan Bitter

Wohnhaus mit Gartenfassade in Berlin-Kreuzberg,
Sarah Rivière Architect, Foto: © Jan Bitter

Sarah Rivière

Gudrun Sack

sieht ihren persönlichen Schwerpunkt im Nachhaltigen Planen und Bauen, im Entwickeln von innovativen Grundrissideen für das soziale Miteinander, im Anwenden von ökologischen Materialien und Details. Qualitäten im Alltäglichen zu schaffen sind ihr Anliegen und ihre Überzeugung. 1998 gründete sie ihr Büro NÄGELIARCHITEKTEN mit ihrem Geschäftspartner Walter Nägeli. Sie hat als Restauratorin auf dem Bau angefangen, studierte an der TU Berlin und an der Hochschule für angewandte Kunst Wien und war wissenschaftliche Mitarbeiterin an der UdK Berlin. Der ökologische und soziale Ansatz ist es, der sie heute stadt- und berufspolitisch aktiv werden lässt. Sie engagiert sich in Gremien und Ausschüssen, um die Bedingungen für mehr Qualität in der Architektur zu verbessern.

© Jonas Maron

Warum sind Sie Architektin geworden?
Gute Räume auf der ganzen Welt haben mich von klein auf fasziniert – ich bin im Iran aufgewachsen und schon als Kind viel gereist.

Was zeichnet für Sie Architektur aus?
Das Zusammenspiel von Material, Licht, Raum, Strukturen, stadträumlichen Zusammenhängen zu einem Ganzen – eine Kohärenz der Dinge. Wichtig ist es, von der architektonischen Idee in klaren Entscheidungsketten Architektur bis in die Umsetzung zu bringen, so dass sich auch für die Nutzer*innen die Dinge erschließen.

Was hat Sie in Ihrem Werdegang als Architektin geprägt?
Neugierde und der Wunsch, die Welt zu verbessern.

Was würden Sie jungen Architekturstudentinnen raten?
Die Augen zu öffnen für gute Räume, soziale Zusammenhänge, wirtschaftlich neue Wege, um gute qualitätvolle Konzepte umzusetzen. Das Architekturschaffen fängt damit an, die Bedingungen für Architektur herzustellen: gesellschaftlich, wirtschaftlich, politisch. Engagiert euch!

Waldhäuser – Bauen mit Holz,
Berlin-Frohnau, NÄGELIARCHITEKTEN,
Foto: © Johannes Marburg

NÄGELIARCHITEKTEN
www.naegeliarchitekten.de

Pergola – Bauen im Handwerk, Zürich,
Schweiz, NÄGELIARCHITEKTEN,
Foto: © Gudrun Sack

134

Vertical Studio – Bauen nur aus Ziegeln,
Berlin, NÄGELIARCHITEKTEN,
Foto: © Gudrun Sack

Gudrun Sack

Christiane Sauer

ist Architektin und Professorin für Material und Entwurf an der weißensee kunsthochschule berlin. Dort leitet sie den Forschungsbereich DXM – Design Experiment Material und forscht zur eigenen, inneren Aktivität von Materialien im Rahmen des Forschungsclusters „Matters of Activity". Ihre Schwerpunkte liegen im Bereich funktionaler, adaptiver Flächen unter Einbindung von Smart Materials und textiler Konstruktion. Sie verbindet experimentelle Materialforschung mit baulicher Praxis und ist Gründerin von formade – architecture & materials in Berlin.

© Michelle Mantel

Was zeichnet für Sie Architektur aus?
Architektur schafft Möglichkeiten – Möglichkeiten der Nutzung, der Aneignung und der Veränderung. Sie sollte kein starres, formal dominierendes Gerüst sein, sondern eine flexibel bespielbare Hülle. Qualitätvolle Architektur besitzt die Großzügigkeit, dass sie unterschiedliche Interpretationen zulässt.

Was hat Sie in Ihrem Werdegang als Architektin geprägt?
Die Faszination für Materialien und neue Technologien. Durch den Dialog mit anderen Disziplinen entdecke ich Materialwissen, von dem die Architektur profitieren kann. Insbesondere textile Konstruktionen und aktive, „smarte" Materialien spielen hierbei eine zentrale Rolle, da man diese als Materialsystem funktional „maßschneidern" kann.

Welche Strategien verfolgen Sie, um Ihr Büro erfolgreich zu führen?
Authentizität ist in der Arbeit zentral. Wenn man mit Begeisterung und Herzblut hinter Inhalten und Projekten steht, vermittelt sich das weiter an das Umfeld. Projekte, die dieses Potenzial nicht haben, würde ich nicht annehmen.

formade – architecture & materials
www.formade.com

Adaptex Mesh – Adaptiver textiler Sonnenschutz mit Einbindung von Formgedächtniselementen, Forschungsprojekt Adaptex – weißensee kunsthochschule berlin / Ebba Fransen Waldhör, Maxie Schneider, Christiane Sauer, Foto: © weißensee kunsthochschule berlin / Adaptex

Upscaling Textiles – Klimapuffernder Screen
unter Einbindung von Phase Change Materials
(PCM), formade – architecture & materials /
Christiane Sauer, Foto: © formade –
architecture & materials / Christiane Sauer

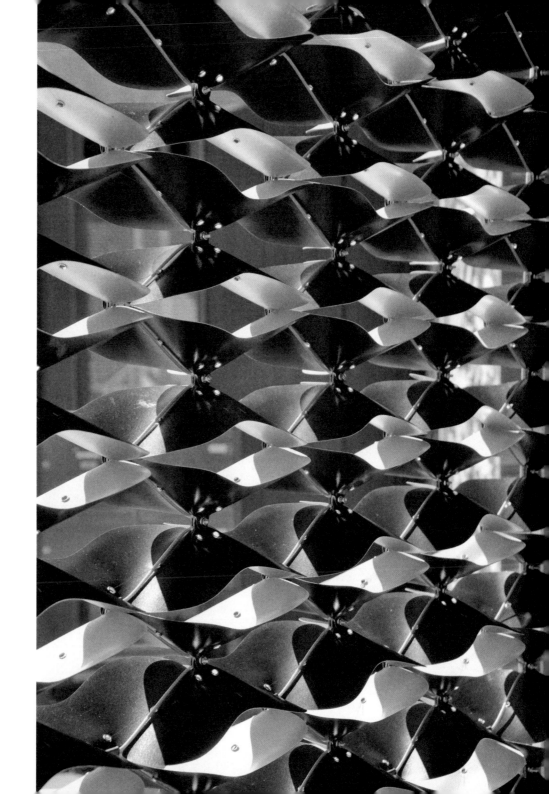

Adaptex Wave – Adaptiver textiler Sonnenschutz mit Einbindung von Formgedächtniselementen, Forschungsprojekt Adaptex –
weißensee kunsthochschule berlin / Maxie
Schneider, Ebba Fransen Waldhör, Christiane
Sauer, Foto: © weißensee kunsthochschule
berlin / Adaptex

Carola Schäfers

führte nach dem Diplom 1976 an der Fachhochschule Oldenburg ihr Studium an der Technischen Universität Hannover fort, das sie 1980 abschloss. 1981–1984 war sie angestellte Architektin im Büro Baller in Berlin. 1985–1990 war sie wissenschaftliche Mitarbeiterin an der TU Berlin. Nach der Büropartnerschaft mit Andreas Wolf 1984–1990 gründete sie ihr eigenes Büro Carola Schäfers Architekten BDA. Carola Schäfers war 2006–2015 Vorstandsmitglied im BDA Berlin und 2009–2013 Mitglied im Gestaltungsbeirat der Stadt Regensburg.

© Stefan Müller

Was hat Sie in Ihrem Werdegang als Architektin geprägt?
Die Arbeit bei den Architekten Baller. Dort habe ich gelernt, anders zu denken, anders zu planen und dass die eigenen Ideen umgesetzt werden können, wenn man sich engagiert und dafür kämpft.

Was würden Sie jungen Architektur-studentinnen raten?
Man muss schon im Studium prüfen, ob einem das, was dort abverlangt wird, auch entspricht. Ist man begabt genug, später eine entwerfende Architektin zu sein oder ist vielleicht der Weg als Bauleiterin eher das Richtige. Auch sollte man den Mut haben, gegebenenfalls einen anderen Weg einzuschlagen, denn auch in anderen Berufen kann man kreativ sein und vielleicht einfacher Geld verdienen.

Welche Strategien verfolgen Sie, um Ihr Büro erfolgreich zu führen?
Authentisch sein und die Menschen achten, die die Planung vor Ort umsetzen.

Mary-Poppins-Grundschule, Berlin-Gatow, Carola Schäfers Architekten, Foto: © Stefan Müller

Carola Schäfers Architekten
www.csa-berlin.de

Mary-Poppins-Grundschule,
Berlin-Gatow, Carola Schäfers Architekten,
Foto: © Stefan Müller

Sporthalle Mary-Poppins-Grundschule,
Berlin-Gatow, Carola Schäfers Architekten,
Foto: © Stefan Müller

Carola Schäfers

Susanne Scharabi

studierte an der TU Darmstadt und gründete 2000 ihr Architekturbüro Susanne Scharabi. 2013 erfolgte die Gründung von Scharabi Architekten gemeinsam mit Farid Scharabi. Susanne Scharabi ist seit 2020 Mitglied im BDA Berlin. Das Büro hat seinen Schwerpunkt im mehrgeschossigen Holzbau, auch im innerstädtischen Kontext. Am Baustoff Holz schätzt sie die ökologischen Materialeigenschaften und seine ästhetische Wirkung. Neben dem Wohnungsbau hat das Büro sich auf Bauten für Kinder spezialisiert.

© Anne Schönharting

Warum sind Sie Architektin geworden?
Eigentlich wollte ich Bildhauerin werden und bin eher durch Zufall im Architekturstudium gelandet. Ich bin dann langsam in das Thema hineingewachsen und habe die Beschäftigung mit Architektur dabei als unendlich vielschichtig erlebt und erfahren, dass im Entwerfen ebenso wie im plastischen Gestalten die Idee durch Form und Materialität geschaffen wird.

Was zeichnet für Sie Architektur aus?
Gute Architektur ist zeitlos und interkulturell – also quasi archetypisch. Ein Gebäude sollte immer auch eine positive soziale und gesellschaftliche Wirkkraft haben.

Welche Strategien verfolgen Sie, um Ihr Büro erfolgreich zu führen?
Wir versuchen mit unseren Gebäuden innovativ zu sein, indem wir sowohl die Nutzungen als auch die Konstruktionen immer wieder neu denken. Das hat uns zum Beispiel bereits vor 15 Jahren dazu gebracht, in der Stadt mit Holz zu bauen und damit den urbanen mehrgeschossigen Holzbau voranzutreiben.

Scharabi Architekten
www.scharabi.de

Walden 48, Berlin, Scharabi Architekten /
Anne Raupach, Foto: © Jan Bitter

Walden 48, Berlin, Scharabi Architekten / Anne Raupach, Foto: © Jan Bitter

Wohnen an der Barnimkante, Berlin,
Scharabi Architekten, Foto: © Taufik Kenan

Susanne Scharabi

Marika Schmidt

studierte an der TU und UdK Berlin, war Mitarbeiterin in den Büros ROBERTNEUN™, David Chipperfield Architects und Kuehn Malvezzi in Berlin sowie Gast im Office of Ryue Nishizawa in Tokyo. 2010 gründete sie mrschmidt Architekten in Berlin. Marika Schmidt ist interessiert an allgemeinen Räumen, wirtschaftlichen Gebäudestrukturen, Komfort und Raumgewinn und spezialisiert auf Schulbau. Sie erhielt diverse Auszeichnungen wie den BDA-Architekturpreis Nike für soziales Engagement 2019, ist in der Lehre engagiert und publiziert zu Architektur, unter anderem 2014 bei jovis „Schulgesellschaft – Vom Dazwischen zum Lernraum – 30 Schulgebäude im Vergleich".

© mrschmidt

Warum sind Sie Architektin geworden?
Zufall und eine Faszination für Räume aller Art.

Was zeichnet für Sie Architektur aus?
Wenn es gelingt, sind die gebauten Räume, die uns umgeben, der perfekte Grund für die Dinge des Lebens und alltägliches Glück.

Was hat Sie in Ihrem Werdegang als Architektin geprägt?
Ich bin in den Weiten Mecklenburgs in einem Unternehmerhaushalt und einer durch die Teilung des Landes geteilten Familie mit gesellschaftspolitischem Bewusstsein aufgewachsen. Privat und architektonisch haben mich sehr viele, sehr unterschiedliche Menschen geprägt, sowohl in jungen Jahren wie auch später. Das hat mein Denken geformt und so mein Tun beeinflusst. Und allen ist bei aller Unterschiedlichkeit eins gemein – fortwährende Neugier, Beharrlichkeit, Präzision und Freude an den Dingen.

Was würden Sie jungen Architekturstudentinnen raten?
Einfach machen!

Welche Strategien verfolgen Sie, um Ihr Büro erfolgreich zu führen?
Nie aufhören, Fragen zu stellen.

Wohnhaus, Kölzow, 2017, mrschmidt Architekten, Foto: © mrschmidt

mrschmidt Architekten
www.marikaschmidt.de

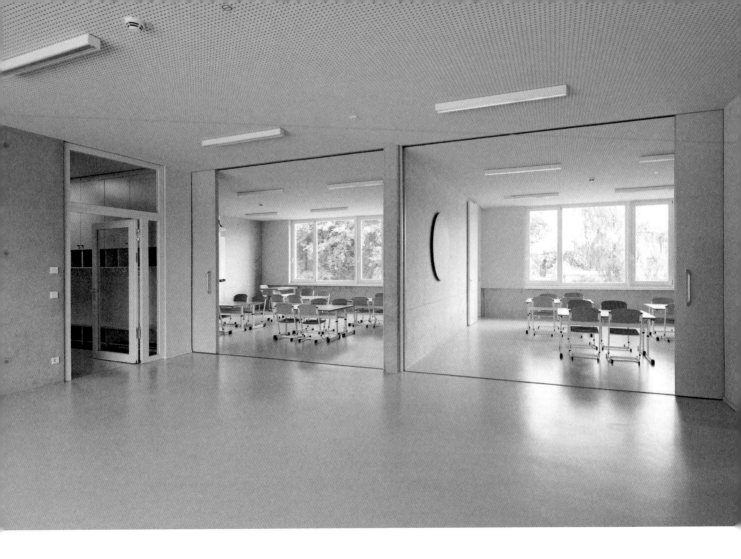

Grundschule, Dettmannsdorf, 2017,
mrschmidt Architekten, Foto: © Andrew Alberts

Marika Schmidt

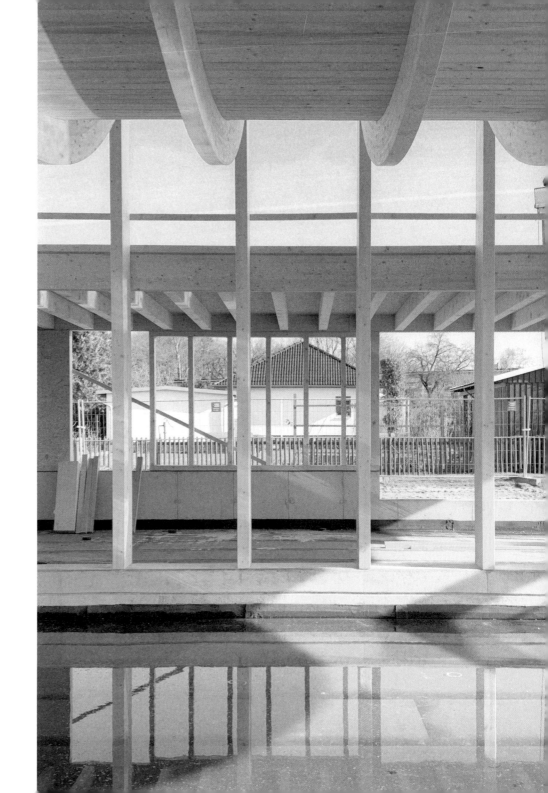

Ev. Kindertagesstätte, Dettmannsdorf, 2021
mrschmidt Architekten, Foto: © mrschmidt

Helga Schmidt-Thomsen

Nach dem Studium, einigen Praktika und erfolgreichen Wettbewerben gründeten Helga und Dr. Jörn Peter Schmidt-Thomsen mit Ina und Dietrich Hassenstein 1966 das Büro ASK Arbeitsgruppe für Stadtplanung und Kommunalbau, zu dem bald weitere Partner gehörten. Schwerpunkt ihrer Arbeit waren und blieben Einrichtungen der sozialen Infrastruktur und städtebaulicher Entwurf. In der Familienphase mit zwei Kindern arbeitete Helga Schmidt-Thomsen an kleineren Projekten, an Veröffentlichungen und Ausstellungen, unter anderem zur Architektinnenhistorie. Die in den 1990er-Jahren gegründete Partnerschaft stz / Schmidt-Thomsen, Schmidt-Thomsen und Ziegert konnte bis 2005 vielfältige Projekte planen und realisieren.

Wohnen am Deutschherrenufer Frankfurt, 1990er-Jahre, Büro STZ / Helga Schmidt-Thomsen und Jörn-Peter Schmidt-Thomsen, Foto: © Bauherr GWH

Warum sind Sie Architektin geworden?
Ich dachte, es sei ein schöner, vielseitiger Beruf.

Was zeichnet für Sie Architektur aus?
„Einheit in Vielheit". (Gottfried Wilhelm Leibniz)

Was hat Sie in Ihrem Werdegang als Architektin geprägt?
Vorbilder, denen der Beitrag der Architektur zum sozialen Leben wichtig war: Hier denke ich an die 1920er-Jahre-Siedlungen von Bruno Taut und Ernst May, bei dem ich noch 1960 in Mainz Praktikantin war, aber auch an Bauten wie Hans Scharouns Philharmonie und die Akademie der Künste von Werner Düttmann, bei dem ich auch studiert habe.

Was würden Sie jungen Architekturstudentinnen raten?
Ohne Ausdauer und Leidensfähigkeit geht nichts, ohne Begeisterung und Freude aber auch nicht.

Welche Strategien verfolgen Sie, um Ihr Büro erfolgreich zu führen?
Tempi passati! Erfolgreich aufräumen!

Wohnen Potsdamer Straße Berlin, 1970er-Jahre,
Helga Schmidt-Thomsen, Projektleitung mit
Peter Berten, Bauherr: Neue Heimat,
Foto: © Monica Schefold

Helga Schmidt-Thomsen

Kita Kreuzberg Cuvrystrasse, IBA 1980er-
Jahre, Helga Schmidt-Thomsen und Jörn-Peter
Schmidt-Thomsen, Foto: © Theo Wagner

Christiane Schuberth

Nach Maurerlehre und Architekturstudium an der Bauhaus-Universität Weimar arbeitete Christiane Schuberth zunächst in der Denkmalpflege Quedlinburg und in Berliner Architekturbüros. 1991 war sie freischaffend tätig und seit 1992 ist sie Partnerin im Büro KSV Krüger Schuberth Vandreike in Berlin.

© Die Hoffotografen

Warum sind Sie Architektin geworden?
Es war (ist) mein Traumberuf.

Was zeichnet für Sie Architektur aus?
Architektur ist gestalteter Raum, gestalteter Körper und ganz viel Gefühl. Architektur ist die ästhetische Symbiose aus Kunst, Konstruktion, Funktion und Ort.

Was hat Sie in Ihrem Werdegang als Architektin geprägt?
Die Möglichkeit, in Wettbewerben Ideen Gestalt zu geben, ist eine große Freiheit. Diese Ideen nicht nur in Pläne umzusetzen, sondern sie auch wirklich zu bauen, ist eine tolle Erfahrung, die süchtig macht.

Was würden Sie jungen Architekturstudentinnen raten?
Architekturstudentinnen sollten sich in vielen Feldern des Berufs versuchen, um heraus zu finden, in welchem Bereich sie wirken möchten. Der Beruf hat unglaublich viele Facetten und Möglichkeiten.

Welche Strategien verfolgen Sie, um Ihr Büro erfolgreich zu führen?
Neugierde und Kreativität, teamorientiertes Arbeiten sowie Wirtschaftlichkeit sind Grundpfeiler unseres Arbeitens. Das Design-Detail bestimmt neben dem Gesamtkonzept maßgeblich die Qualität von Architektur.

Ehemaliges Beamtenwohnhaus Rummelsburg,
KSV Krüger Schuberth Vandreike,
Foto: © Ilka Bona

KSV Krüger Schuberth Vandreike
www.ksv-network.de

Lofthouses Jungfernsee Potsdam,
KSV Krüger Schuberth Vandreike,
Foto: © Werner Huthmacher

Christiane Schuberth

Lofthouses Jungfernsee Potsdam,
KSV Krüger Schuberth Vandreike,
Foto: © Werner Huthmacher

Judith Simon

gründete 1999 ihr Büro Baumgarten Simon Architekten BDA in Partnergemeinschaft mit Roger Baumgarten. Bereits vor der Gründung des eigenen Büros wirkte die Architektin an der Verwirklichung prägender Bauten Berlins mit. Judith Simon leitete für das Büro Ateliers Jean Nouvel in Paris Planung und Bau der Galeries Lafayette in Berlin. Das Büro Baumgarten Simon Architekten realisierte zahlreiche Projekte im Bestand sowie Neubauten in den Bereichen Büro, Gewerbe, Wohnen und Gesundheitswesen. Im Fokus von Judith Simon steht immer eine hochwertige Planung, die in prozesshafter Weise das Besondere in der Reduktion sucht.

© Marcus Witte

C1 Refurbishment Atrium Potsdamer Berlin,
Baumgarten Simon Architekten in Kooperation
mit Renzo Piano Building Workshop Paris,
Foto: © Stefan Müller

Warum sind Sie Architektin geworden?
Mein Interesse am Zeichnen und Gestalten wurde früh durch meinen Vater, der Architekt und Bildhauer ist, geweckt. Ich habe ihn oft auf Baustellen begleitet und war fasziniert vom Prozess des Bauens: Von Baugrube bis Dachstuhl entsteht ein Haus, gebaut nach sorgfältig mit feinsten Tuschelinien gezeichneten Plänen. Der fertige Bau war ein Moment der großen Freude und das Produkt der persönlichen Leistung vieler Beteiligter. Die zentrale, orchestrierende Figur darin war jedoch der Architekt. Das wollte ich auch können.

Was hat Sie in Ihrem Werdegang als Architektin geprägt?
Geprägt hat mich zu Beginn mein Vater Lubens Simon, später dann der Wissensdurst nach allen Formen der Baukunst, im Studium die Auslandssemester in Wien, Zürich und London und letztendlich meine Zeit im Ateliers Jean Nouvel in Paris.

Welche Strategien verfolgen Sie, um Ihr Büro erfolgreich zu führen?
Ein gutes verlässliches Team, Zusammenarbeit auf Augenhöhe und Respekt vor der treuhänderischen Rolle unseren Bauherr*innen gegenüber.

Baumgarten Simon Architekten
www.baumgartensimon.de

Neubau Hybrid-OP Universitätsklinikum
Düsseldorf, Baumgarten Simon Architekten,
Foto: © Mark Wohlrab

Dampfbad Welserstraße für private Bauherren,
Baumgarten Simon Architekten,
Foto: © Peter Baumgartner

Judith Simon

Susanne Sturm

studierte in Kaiserslautern und Barcelona Architektur. Sie arbeitete in verschiedenen Architekturbüros in München, New York City und Berlin. 2003 gründete sie zusammen mit Daniel Rozynski das Büro Rozynski Sturm Architekten, das sich überwiegend mit Schul- und Wohnungsbau in Holzbauweise beschäftigte. 2013 wurde Frau Sturm in den BDA Berlin berufen. 2014 entstand die CKRS Architektengesellschaft aus den Büros Clarke und Kuhn Architekten und Rozynski Sturm Architekten. Seit 2017 ist Susanne Sturm Mitglied der Vertreterversammlung der Architektenkammer und im Arbeitskreis Stadtentwicklung und Partizipation tätig.

© Sebastian Pfütze

Warum sind Sie Architektin geworden?
Ich bin Architektin geworden, weil der Beruf sehr vielseitig ist und man ein bleibendes Werk schafft.

Was zeichnet für Sie Architektur aus?
Architektur zeichnet für mich der Wille zur Gestaltung aus.

Was hat Sie in Ihrem Werdegang als Architektin geprägt?
Mein Austauschjahr in Barcelona in der Nach-Olympia-Zeit, in der die Stadt städtebaulich sehr positiv umgestaltet wurde, und der zeitlos moderne Baustil vieler spanischer Architekt*innen haben mich im Studium architektonisch geprägt. Im Berufsleben haben mich die Erfahrungen mit Bauherr*innen, die enorme Auswirkungen auf den Erfolg eines Projektes haben, beeinflusst und auch zu einer großen Vielfalt in den Projekten geführt.

Welche Strategien verfolgen Sie, um Ihr Büro erfolgreich zu führen?
Wir versuchen, aus jedem Auftrag das Beste zu machen. Unser Ziel ist es, uns sowohl thematisch, als auch von unserem Leistungsspektrum her breit aufzustellen.

**CKRS Architekten,
Rozynski Sturm Architekten**
www.CKRS-Architekten.de,
www.R-S-Architekten.com

Gymnasium zum Grauen Kloster – Schulbau aus Holz, Rozynski Sturm Architekten, Foto: © Werner Huthmacher

JOWAT-Haus der Technik – Gewerbebau
aus Holz, IfuH mit CKRS-Architekten
und roedig.schop, Foto: © Stefan Müller

3xGrün – 5-geschossiges Baugruppenhaus
aus Holz, IfuH mit Rozynski Sturm
Architekten, roedig.schop und atelier pk,
Foto: © Stefan Müller

Susanne Sturm

Nataliya Sukhova

hat Architektur an der Akademie der Künste in Sankt Petersburg und an der Bauhaus-Universität Weimar studiert und sammelte ihre Berufserfahrung in lokal und international tätigen Büros in Deutschland, Russland und der Schweiz. 2013 gründete sie mit ihren Partner*innen transstruktura, eine offene Gruppe von Architekt*innen. Besonders innovative Projekte wurden im Bereich Wohnen, modulares Bauen und Arbeitswelten realisiert. Mit konzeptuellen Projekten und Studien nimmt sie kontinuierlich an Biennalen und Ausstellungen teil und gibt ihr Wissen durch Vorträge und Lehraufträge weiter.

© Natalia Smirnova

Was zeichnet für Sie Architektur aus?
Architektur ist ein Instrument, das die Welt verändert und verbessert, wenn es durchdacht und verantwortungsvoll eingesetzt wird. Das gebaute Umfeld prägt unser Leben und kann es ästhetischer, sozialer, bequemer, nachhaltiger und spannender machen.

Was hat Sie in Ihrem Werdegang als Architektin geprägt?
Mein Studium an zwei Hochschulen mit unterschiedlichen Herangehensweisen an Entwurfsprozesse hat mich geprägt. An der Akademie der Künste in Sankt Petersburg lag der Schwerpunkt auf der Ästhetik und der künstlerischen Ausbildung. An der Bauhaus-Universität Weimar lernte ich konzeptionelles, analytisches Entwerfen. Beide Ansätze wende ich in meinen Projekten an.

Was würden Sie jungen Architekturstudentinnen raten?
Nicht nur auf architektonische Aufgaben zu achten, sondern auch Kompetenzen zu entwickeln, die für die Praxis notwendig sind, wie zum Beispiel strukturiertes Arbeiten, Kommunikation, Vernetzung.

Einfamilienhaus Schulzendorf in Brandenburg,
transstruktura, Nataliya Sukhova,
Andreas Heim, Viktor Hoffmann,
Foto: © Klemens Renner

transstruktura
www.transstruktura.com

Futteralhaus – ein vorgefertigtes Minimalhaus,
transstruktura, Nataliya Sukhova in
Zusammenarbeit mit Maxim Kurennoy und
Futteralhaus GmbH, Foto: © Dmitriy Yagovkin

Nataliya Sukhova

Büro- und Wohnhaus Mahlsdorf in Berlin,
transstruktura, Nataliya Sukhova,
Andreas Heim, Viktor Hoffmann,
Foto: © Klemens Renner

Susann Walk

arbeitet seit 1997 selbstständig als walk | architekten. Aufgewachsen in Reutlingen studierte sie an der TU Berlin, arbeitete in London und in Berlin bei O.M. Ungers. Das Büro arbeitet schwerpunktmäßig im Bereich Wohnungsbau – sowohl in der Sanierung wie auch im Neubau. Ein weiterer Tätigkeitsbereich ist der Aus- und Umbau von Arztpraxen. In 2019 wurde walk + architekten mit Thorsten Graeser gegründet.

© Frank Hensel

Invalidenhaus, Berlin, walk | architekten
in Zusammenarbeit mit SMAP,
Foto: © Thomas Voßbeck

Warum sind Sie Architektin geworden?
Architektur ist eine Verbindung aus gestalterischen, sozialen, technischen, ökologischen und wirtschaftlichen Elementen, die als faszinierende Aufgabe zusammengefügt werden zu einem großen Ganzen.

Was zeichnet für Sie Architektur aus?
Ein perfektes Gesamtergebnis aus diesem Prozess.

Was hat Sie in Ihrem Werdegang als Architektin geprägt?
Wie viel Durchhaltevermögen man als Architekturschaffende benötigt.

Was würden Sie jungen Architekturstudentinnen raten?
In möglichst vielen, unterschiedlichen Büros zu arbeiten. Wichtig ist nach meiner Erfahrung zudem das sprachliche Verständnis, weil es eben auch die Sprache braucht, um Zugang zu einem Büro und der Architektur zu erhalten.

Welche Strategien verfolgen Sie, um Ihr Büro erfolgreich zu führen?
Wach und interessiert zu bleiben und auch die wirtschaftliche Seite als Teil des Ganzen zu betrachten.

walk | architekten
www.walk-architekten.com

Tristan, Berlin, walk | architekten,
Foto: © Matthias Könsgen

Orthopädie und Unfallchirugie, Berlin,
walk | architekten, Foto: © Frank Hensel

Susann Walk

Anna Weber

gründete 1996 gemeinsam mit Peter Tschada die orange architekten. Ihr Ansatz, verschiedenste Aufgaben einfachen Lösungen zuzuführen und diese kostengünstig und nachhaltig zu realisieren, kennzeichnet ihre Werke. Um unabhängig von den orange architekten eigene Projekte zu entwickeln und zu errichten, folgte 2001 die Gründung der orange bauwerk gmbh. 2016–2020 studierte sie, getrieben vom Unverständnis für das hohe Haftungsrisiko von Architekt*innen, Rechtswissenschaften an der Universität Tübingen und absolvierte dort gleichzeitig den Zertifikatsstudiengang Recht, Ethik, Wirtschaft.

© Anna Weber

Warum sind Sie Architektin geworden?
Schon als Kind wollte ich selbstständig und dann als Jugendliche als Architektin tätig werden.

Was zeichnet für Sie Architektur aus?
Dass sie selbstverständlich ist, wirkt, wie sie ist, und auch nach Jahren noch funktioniert.

Was hat Sie in Ihrem Werdegang als Architektin geprägt?
Jede neue Aufgabe, jedes konstruktive Problem und jeder Rechtsstreit.

Was würden Sie jungen Architekturstudentinnen raten?
Nehmt den Raum ein, den ihr braucht, um für Andere Räume zu schaffen.

Welche Strategien verfolgen Sie, um Ihr Büro erfolgreich zu führen?
Meine Lieblingsstrategie: Alles aus einer Hand – vom Anfang bis zum Ende.

Eckertstraße 1, Berlin, Straßenansicht, orange architekten, Foto: © Jasmin Schuller

orange architekten
www.orange-architekten.de

Eckertstraße 1, Berlin, Ostansicht,
orange architekten, Foto: © Jasmin Schuller

Anna Weber

Eckertstraße 1, Berlin, offenes Treppenhaus,
orange architekten, Foto: © Jasmin Schuller

Gesine Weinmiller

arbeitete nach ihrem Studium an der TU München im Büro von Prof. Hans Kollhoff in Berlin. An der ETH Zürich war sie 1991–1992 Assistentin bei Flora Ruchat-Roncati. 1992 gründete sie ihr eigenes Büro in Berlin, das sie seit 1999 mit Michael Großmann führt. Sie lehrt seit 2000 als Professorin an der HafenCity Universität Hamburg. Ihre Bauten – wie zum Beispiel das Bundesarbeitsgericht in Erfurt, die L-Bank in Karlsruhe oder das Justizzentrum Aachen – wurden mit zahlreichen Preisen ausgezeichnet. Sie hat drei Kinder und lebt mit ihrem Mann Ivan Reimann in Berlin.

© André Rival

Warum sind Sie Architektin geworden?
Schon als Kind haben mich Häuser und deren Erstellung fasziniert. Da war es nur folgerichtig, Architektin zu werden.

Was zeichnet für Sie Architektur aus?
Gute Architektur stärkt den Ort und erfreut die Benutzer*innen.

Was hat Sie in Ihrem Werdegang als Architektin geprägt?
Gute Lehrer wie Hans Kollhoff, Karljosef Schattner und Flora Ruchat-Roncati. Alle drei haben mir Sehen und konzeptionelles Denken beigebracht.

Was würden Sie jungen Architekturstudentinnen raten?
Dran bleiben. Kinder und Karriere schließen sich nicht aus. Gute Büros suchen, die nicht nur bauen um des Bauens willen.

Welche Strategien verfolgen Sie, um Ihr Büro erfolgreich zu führen?
Dran bleiben, sich nicht entmutigen lassen. Verlorene Wettbewerbe sind gute Fingerübungen.

Genezarethkirche Aachen,
Weinmiller Großmann Architekten,
Foto: © Stefan Müller

Weinmiller Großmann Architekten
www.weinmillergrossmann.de

Bundesarbeitsgericht Erfurt,
Gesine Weinmiller Architekten,
Foto: © Klaus Kinold

Justizzentrum Aachen,
Gesine Weinmiller Architekten,
Foto: © Ulrich Schwarz

Gesine Weinmiller

Beatrix Wuttke begann ihren beruflichen Werdegang 1990 in Berlin, zunächst als Mitarbeiterin in verschiedenen Architekturbüros. Mitgerissen von den gewaltigen Bewegungen und großartigen Architekturdiskussionen der Stadt beteiligte sie sich seit 1991 mit Erfolg an offenen Wettbewerben und gründete daraufhin bereits im Jahre 1993 ihr eigenes Architekturbüro. Ihre prämierten und öffentlich diskutierten Wettbewerbsbeiträge der folgenden Jahre umfassten städtebauliche Quartiere wie auch Gebäudeentwürfe und führten sie letztendlich nach Kopenhagen, wo sie seit 2007 lebt und arbeitet.

© Wuttke & Ringhof
Architekten

Villa in Charlottenlund,
Wuttke & Ringhof Architekten,
Foto: © Wuttke & Ringhof Architekten

Was zeichnet für Sie Architektur aus?
Architektur ist der sorgfältige Umgang mit Raum und das Einfühlen in die späteren Betrachter- und Nutzer*innen.

Was hat Sie in Ihrem Werdegang als Architektin geprägt?
Geprägt wurde mein Werdegang maßgeblich durch meine erfolgreiche Teilnahme an offenen Architekturwettbewerben, die zum Zeitpunkt meines Berufsstarts noch üblich waren. Allein in Berlin wurde eine Vielzahl von Bauprojekten in den 1990er-Jahren in offenen Verfahren entschieden – das trägt bis heute zur qualitätvollen Entwicklung der Stadt bei.
Auch die kritischen Architekturdiskussionen in Berlin in den 1990er-Jahren und meine ersten Erfahrungen als junge Architektin im Büro Kollhoff hatten großen Einfluss auf mein Verständnis, worauf es beim Schaffen von Architektur und Baukultur ankommt.
Nicht zuletzt aber haben auch die vielen, unerbittlichen Kämpfe gerade dafür und die Verteidigung meiner Wettbewerbserfolge und Architekturwerke gegenüber Kolleg*innen und Bauherr*innen mein Selbstverständnis und Wirken als Architektin beeinflusst und geprägt.

Welche Strategien verfolgen Sie, um Ihr Büro erfolgreich zu führen?
Wir beteiligen uns nach wie vor und regelmäßig an offenen Wettbewerben.

Wuttke & Ringhof Architekten
www.wuttkeringhof.com

Der Rotaprint-Block in Berlin,
Wuttke & Ringhof Architekten,
Foto: © Wuttke & Ringhof Architekten

Die Weimarhalle in Weimar,
Wuttke & Ringhof Architekten,
Foto: © Wuttke & Ringhof Architekten

Beatrix Wuttke

Teilnehmerinnen

Prof. em. Inken Baller

Christin Baumeister
Baumeister und Dietzsch Architekten
www.baumeister-dietzsch.de

Anne Boissel
www.anneboissel.de

Astrid Bornheim
Astrid Bornheim Architektur
www.astridbornheim.de

Benita Braun-Feldweg
bfstudio Partnerschaft von
Architekten mbB
Benita Braun-Feldweg &
Matthias Muffert
www.bfstudio-architekten.de

Prof. Dr. Vanessa Miriam Carlow
Vanessa Carlow Urbanism Research
Architecture
www.vanessacarlow.de

Julia Dahlhaus
DMSW Architekten
www.dmsw.de

Christine Edmaier
S. E. K. Architektinnen Säum Edmaier
Krischan Part mbB
www.sek-architektinnen.net

Christiane Fath
C.FATH ARCHITECTURE
COMMUNICATION,
www.christianefath.de

Ulrike Flacke und Nina Otto
FLACKE + OTTO ARCHITEKTEN
PARTmbB
www.fl-ot.com

Laura Fogarasi-Ludloff
Ludloff Ludloff Architekten
www.ludloffludloff.de

Silke Gehner-Haas
HAAS Architekten
www.haas-architekten.de

Doris Gruber
Gruber + Popp Architekt:innen BDA
www.gruberpopp.de

Prof. Almut Grüntuch-Ernst
Grüntuch Ernst Architekten
www.gruentuchernst.de

Prof. Heike Hanada
heike hanada_laboratory of
art and architecture
www.heikehanada.de

Dr. Saskia Hebert
subsolar* architektur & stadtforschung
www.subsolar.net

Dr.-Ing. Susanne Hofmann
die Baupiloten
www.baupiloten.com

Anna Hopp
annahopp architekten
www.annahopp.com

Astrid Kantzenbach-Mola
Mola Architekten GmbH BDA
www.mola-architekten.de

Prof. Luise King

Brigitte Kochta
Kochta Architekten BDA DWB
www.kochta.com

Anne Lampen
Anne Lampen Architekten BDA
www.anne-lampen.de

**Anna Lemme Berthod und
Cornelia Locke**
Lemme Locke Lux Architektinnen
www.lemmelockelux.de

Kim Le Roux und Margit Sichrovsky
LXSY Architekten
www.lxsy.de

Tanja Lincke
Tanja Lincke Architekten
www.tanja-lincke-architekten.com

Pia Maier Schriever
Rustler Schriever Architekten
www.rustlerschriever.com

Fuensanta Nieto
Nieto Sobejano Arquitectos GmbH
www.nietosobejano.com

Sarah Perackis
Perackis Gesellschaft von
Architekten mbH
www.perackis.de

Katja Pfeiffer
pfeiffer sachse architekten
www.ps-architekten.de

Prof. Lydia Rintz
ARQ Architekten Rintz
und Quack GmbH
www.rintzquack.de

Sarah Rivière
Sarah Rivière Architect
www.sarahrivierearchitect.com

Gudrun Sack
NÄGELIARCHITEKTEN
www.naegeliarchitekten.de

Prof. Christiane Sauer
formade – architecture & materials
www.formade.com

Carola Schäfers
Carola Schäfers Architekten BDA
www.csa-berlin.de

Susanne Scharabi
Scharabi Architekten
www.scharabi.de

Marika Schmidt
mrschmidt Architekten
www.marikaschmidt.de

Helga Schmidt-Thomsen
Helga Schmidt-Thomsen Architektin
BDA DWB

Christiane Schuberth
KSV Krüger Schuberth Vandreike GmbH
www.ksv-network.de

Judith Simon
Baumgarten Simon Architekten BDA
www.baumgartensimon.de

Susanne Sturm
CKRS Architekten,
Rozynski Sturm Architekten
www.CKRS-Architekten.de,
www.R-S-Architekten.com

Nataliya Sukhova
transstruktura
www.transstruktura.com

Susann Walk
walk | architekten
www.walk-architekten.com

Anna Weber
orange architekten
www.orange-architekten.de

Prof. Gesine Weinmiller
Weinmiller Großmann
Architekten GmbB
www.weinmillergrossmann.de

Beatrix Wuttke
Wuttke & Ringhof Architekten
www.wuttkeringhof.com

Projektreferenzen Sponsor*innen

Schüco International KG
S. 76 Ergänzungsneubau Finanzamt Oranienburg
S. 95 Naugarder Straße, Berlin
S. 104 Haus an der Spree, Berlin
S. 124 Feuer- und Rettungswache Gütersloh

Zumtobel Group
S. 23 Akademie, Heidelberg
S. 48 Ausstellungshalle für ophelis, Bad Schönborn
S. 51 Mensa auf dem Tempelhofer Feld, Berlin
S. 76 Ergänzungsneubau Finanzamt Oranienburg

PREFA GmbH
S. 148 Wohnhaus, Kölzow
S. 150 Grundschule, Dettmannsdorf

Wienerberger GmbH
S. 14 Wohn- und Geschäftshaus Auguststraße 50b, Berlin
S. 128 Wohnhaus mit Gartenfassade in Berlin-Kreuzberg

Grohe Deutschland Vertriebs GmbH
S. 14 Wohn- und Geschäftshaus Auguststraße 50b, Berlin
S. 15 Baugruppe Bielefelder Straße 13, Berlin
S. 23 Akademie, Heidelberg
S. 24 METROPOLENHAUS Am Jüdischen Museum, Berlin
S. 104 Haus an der Spree, Berlin

S. 128 Wohnhaus mit Gartenfassade in Berlin-Kreuzberg
S. 148 Wohnhaus, Kölzow
S. 150 Grundschule, Dettmannsdorf
S. 172 Invalidenhaus, Berlin
S. 176 Eckertstraße 1, Berlin

DURA Sidings
Franz Habisreutinger GmbH & Co. KG
S. 94 Schwarze Rose Berlin

Tischlerei Tinus GmbH
S. 51 Mensa auf dem Tempelhofer Feld, Berlin
S. 94 Schwarze Rose Berlin
S. 135 Vertical Studio – Bauen nur aus Ziegeln, Berlin

Schopp Competence Steuerberatungsgesellschaft mbH Karin Schopp, Bauherrin
S. 94 Schwarze Rose Berlin

Vectorworks
S. 16 Lichtinstallation Brücke Hardenbergstraße, Berlin
S. 18 Lichtinstallation Rathaus Lichtenberg, Berlin
S. 56 Betonoase, Berlin
S. 58 Haus Jauch, München
S. 59 Haltestelle Hauptbahnhof, Berlin
S. 76 Ergänzungsneubau Finanzamt Oranienburg
S. 120 Saarpolygon, Ensdorf
S. 124 Feuer- und Rettungswache Gütersloh

S. 128 Wohnhaus mit Gartenfassade in Berlin-Kreuzberg
S. 132 Waldhäuser – Bauen mit Holz, Berlin-Frohnau
S. 134 Pergola – Bauen im Handwerk, Zürich
S. 135 Vertical Studio – Bauen nur aus Ziegeln, Berlin
S. 176 Eckertstraße 1, Berlin

Impressum

Dieser Katalog präsentiert die Teilnehmerinnen der Werkschau *Architektinnen · BDA,* ein Beitrag des Bunds Deutscher Architektinnen und Architekten Berlin zum Festival Women in Architecture Berlin 2021. Die Publikation erscheint begleitend zur Ausstellung in der BDA Galerie Berlin und einer Plakataktion im öffentlichen Raum.

Konzept Ausstellung, Katalog und Plakataktion:
Christiane Fath, Laura Fogarasi-Ludloff, Anna Hopp, Anne Lampen, Anna Lemme Berthod, Pia Maier Schriever, Katja Pfeiffer, Marika Schmidt, Nataliya Sukhova
Koordination: Petra Vellinga

© 2021 by jovis Verlag GmbH
Das Copyright für die Texte liegt beim Bund Deutscher Architektinnen und Architekten, Landesverband Berlin e.V.
Das Copyright für die Abbildungen liegt bei den Fotograf*innen/Inhaber*innen der Bildrechte.

Redaktion: Dagmar Hoetzel, Berlin
Gestaltung und Satz: HERR+MANN, André Herrmann, Berlin
Korrektorat: jovis Verlag, Franziska Schüffler, Berlin
Lithografie: Bild1Druck, Berlin
Druck: Eberl & Kœsel, Altusried-Krugzell

Bibliografische Information der Deutschen Nationalbibliothek
Die Deutsche Nationalbibliothek verzeichnet diese Publikation in der Deutschen Nationalbibliografie; detaillierte bibliografische Daten sind im Internet über http://dnb.d-nb.de abrufbar.

jovis Verlag GmbH
Lützowstraße 33
10785 Berlin

www.jovis.de

jovis-Bücher sind weltweit im ausgewählten Buchhandel erhältlich. Informationen zu unserem internationalen Vertrieb erhalten Sie von Ihrem Buchhändler oder unter www.jovis.de.

ISBN 978-3-86859-715-8

Partner*innen

Hauptsponsor*innen

Sponsor*innen

Schopp Competence
STEUERBERATUNGSGESELLSCHAFT MBH

Medienpartnerin

Bauwelt